a voz das novas mentes
Diálogos transgeracionais e interdimensionais

Ingrid Cañete

a voz das novas mentes

Diálogos transgeracionais e interdimensionais

1ª edição / Porto Alegre-RS / 2019

Capa e projeto gráfico: Marco Cena
Revisão: Gaia Revisão Textual
Produção editorial: Bruna Dali e Maitê Cena
Assessoramento gráfico: André Luis Alt

Dados Internacionais de Catalogação na Publicação (CIP)

C221v   Cañete, Ingrid
A voz das novas mentes : diálogos transgeracionais e interdimensionais. / Ingrid Cañete. – Porto Alegre: BesouroBox, 2019.

168 p.; 16 x 23 cm

ISBN: 978-85-5527-112-0

1. Psicologia do desenvolvimento. 2. Desenvolvimento humano. 3. Novas gerações. 4. Crianças índigo. I. Título.

CDU 159.96

Bibliotecária responsável
Kátia Rosi Possobon CRB10/1782

Direitos de Publicação: © 2019 Edições BesouroBox Ltda.
Copyright © Ingrid Cañete, 2019.

Todos os direitos desta edição reservados à
Edições BesouroBox Ltda.
Rua Brito Peixoto, 224 - CEP: 91030-400
Passo D'Areia - Porto Alegre - RS
Fone: (51) 3337.5620
www.besourolux.com.br

Impresso no Brasil
Outubro de 2019

Sumário

Apresentação 7

Palavras da autora 11

A luz da comunicação 15

A maternidade nesses tempos modernos 19

As crianças 25

Os sentimentos 29

Sobre as sensações 33

A família 39

Nosso corpo, nossas vestes 43

Arrebatar, elevar-se, voar 47

Revelação 49

Autoestima e qualidade de vida 53

Aqui na Terra é assim 67

Voar e voar... com que asas? 75

Visão multidimensional 81

A vida e a torre do Universo 87

Números e códigos da vida 93

Emergêncial espiritual e a geração
índigo-cristal: loucura ou sanidade? 99

A trajetória de um índigo e a transição planetária 103

Clariaudiência - Os dons mais ativados
nas crianças índigo, cristal, estelar,
sendo ativados nos adultos também 111

A verdade que libertará 115

Códigos 119

Sinais e sintomas da ascensão 123

Quem vem das estrelas 127

Ser quem se é 131

Transfiguração e superconsciência 135

Lucidez vem de luz 143

Por que se fala em uma geração de índigos que se perdeu? 147

Os dons mais ativados das crianças índigo, cristal,
arco-íris e estelar, estão se manifestando nos adultos 151

Precognição 153

As novas gerações índigo, cristal ou x, y, z 157

Estado supremo de consciência:
a caminho de nossa evolução 163

APRESENTAÇÃO

Este livro tem como inspiração os horizontes que se alargam, cada dia mais, diante das infinitas e inovadoras possibilidades que um DNA muito mais ativado e com dons incríveis das novas gerações Índigo, Cristal, Arco-íris e Estelar representam e sinalizam. São seres humanos com características muito distintas em intensidade, em plasticidade e em potencial de cura e de transformação rápida e instantânea, a ponto de nos fazer parecer que são mágicos, alquimistas.

Há uma característica que se destaca nessas novas gerações: sua forma de comunicação e, dentro desse âmbito, sua linguagem. Desde o grupo evolutivo dos Índigos, nós pudemos observar e constatar que a comunicação pela mente, a telepatia, se tornou protagonista. Tal forma de comunicação acontece devido a vários fatores interligados e inter-relacionados, entre eles a integração entre os dois hemisférios cerebrais, esquerdo e direito, e o funcionamento mental não linear, além de uma mente quântica e uma capacidade intuitiva superativada. Assim, viemos observando que as crianças dessas novas gerações "adivinham os pensamentos e as ações dos pais", surpreendendo-os ao se adiantar aos fatos, salvando seus pais de situações difíceis, como, por exemplo, assaltos, incêndios e acidentes. Eles sofrem muito, desde a mais tenra idade, fazendo imenso esforço de se comunicar sem as palavras e não sendo entendidos. A maioria dos pais ainda não está sensibilizada e consciente o suficiente para "escutar" as mensagens e entender os sinais que lhes chegam por meio de uma "nova" linguagem que dispensa as palavras.

Além da telepatia, a poesia também tem aflorado e se manifestado com frequência e fluência entre essas novas gerações. Recebemos, ao longo de nossos anos de estudo e atendimento, inúmeras cartas e mensagens com a poesia como forma de expressão das almas e dos corações ansiosos por serem ouvidos, compreendidos e acolhidos, não como "doentes", "loucos" ou "disfuncionais", mas, simplesmente, como seres diferentes que nos abrem as portas e os portais de um novo tempo. A poesia é uma forma de captar e transmitir as informações e vibrações energéticas, bem como os códigos existentes no cosmos, no campo energético que circunda a tudo e a todos. Os códigos da linguagem poética ainda precisarão ser estudados em profundidade e com uma amplitude de olhar e de visão guiados pela mente transdisciplinar e equilibrada, em que a dualidade fica para trás. Avançamos assim para uma visão e um sentir de quinta dimensão, onde todas as lentes apontam a unidade.

Precisaremos atravessar as barreiras da luz, do som e do tempo para acessar, usufruir e aplicar todos os benefícios encantadores, curadores e transformadores dessas novas formas de comunicação trazidas pelas novas gerações. Nesse sentido, podemos garantir que essas avançadas formas de comunicação deverão ser maciçamente exploradas e estudadas nos próximos anos, visto que a comunicação é uma dimensão fundamental das relações humanas e das relações interdimensionais.

Não existe relação sem alguma forma de comunicação. Simples assim. Então, no caminho de nossa evolução como espécie humana, cuja essência é espiritual, precisaremos desenvolver e aperfeiçoar nossas habilidades e competências de comunicação e de relacionamento, inclusive como forma de perpetuação da humanidade.

Estamos mergulhados numa "sopa cósmica", nesse "campo" de energia que nos envolve e detém todo o poder de criação, toda a ordem e todas as geometrias da vida. O campo de todas as possibilidades infinitas. Aqui na Terra, vibramos e somos, cada vez mais, influenciados pelas vibrações da quinta dimensão e, a nível pessoal, sentimos a transformação em termos físicos, mentais e energéticos/espirituais.

Diante do tanto que desejamos e devemos comunicar a você, leitor, nos sentimos dando voltas e mais voltas buscando encontrar a forma mais adequada de escrever e de alcançar sua mente, seu coração e sua alma. Sentimo-nos como peregrinos fazendo um caminho que nos surpreende a cada passo, cujo mapa muda constantemente, nos desafiando a soltar as velhas e antigas formas de escrita, desapegar e deixar fluir. Caminho incerto, indefinido e que traz, sem dúvida, muito desconforto, frio na barriga, ansiedade e dúvidas. Pegamo-nos, muitas vezes, paralisados com esta pergunta: será? Entendemos que estamos sendo preparados e capacitados pelos nossos guias e mestres para esse novo estágio de transição para a quinta e a sexta dimensões da existência, onde crer e confiar é essencial. Adentramos o Universo quântico, e não mais será possível retornar. Não há possibilidade de retrocessos na caminhada de expansão da consciência.

Aqui estamos nós, confiando em nossos guias, seguindo o fluxo e compartilhando com você, leitor, nossas observações e constatações sobre este momento evolutivo onde a presença maciça e as vibrações das novas gerações já nos envolvem e pedem com insistência que exercitemos o infinito dessa nova linguagem para este novo tempo.

Nosso objetivo com este livro é compartilhar visões e inspirações de forma contextualizada e sintonizada com os tempos em que vivemos. Tempos estes tão intensos quanto tensos e turbulentos, em que a tecnologia disputa um espaço com o humano, em que estar conectado na *web* (rede virtual) nos testa e desafia profundamente a repensar nossas relações e nos traz a pergunta derradeira e ambígua: conectados ou desconectados?

Quando você sentir dificuldade de se comunicar consigo, com seus pares e, especialmente, com seus filhos, alunos e netos, lance mão da linguagem poética e permita que a voz do seu coração fale mais alto!

Ingrid

Eis que vos digo um mistério:
Nem todos dormiremos,
Mas todos seremos transformados;
(Coríntios 15:51).

PALAVRAS DA AUTORA

Quisera eu compartilhar com você, leitor, tudo o que guarda o meu coração, tudo o que passa na minha mente, tudo o que sinto e percebo durante esta minha estada aqui na Terra. Cheguei como uma espécie de estrela errante numa descida acidentada, difícil. Logo um susto, e quase tive de partir. Meus olhos, que já eram enormes, tornaram-se mais abertos, alertas e muito atentos. Meus olhos passaram a ser meus guias. Eu olhava para fora e para dentro, dia e noite, noite e dia. Sempre captando tudo, todos, antes, como forma de me proteger da dor. Ser neste planeta mínimo já é bastante dolorido, mas ser e continuar a ser sem sentir-se querido, sem ser entendido, sem ser escutado, respeitado e honrado, é praticamente impossível de se suportar.

Tive de ficar aqui. Entendi que havia escolhido descer e estar, por um tempo, aqui. Falaram-me em uma missão. Eu precisaria viver e experimentar algumas coisas para saber como era ser criança, crescer, me desenvolver nessas condições. Solitária, segui, persisti e decidi, ainda bebê, que ia ficar tudo bem, mas, para isso, precisaria buscar a consciência em cada segundo, em todos os momentos e situações dessa "viagem". Desde meu estágio "bebê", ouvia e entendia tudo o que diziam e faziam os adultos. Entendia até o que não diziam, mas pensavam e sentiam. Percebi que o primeiro desafio seria sobreviver. Assim, me dediquei a sobreviver. Para isso, era necessário agradar, ser querido, se encaixar em certos modos esperados. Não, não era fácil! Sonhava, muitas vezes, com o outro lado do véu, sentia que voava, flutuava, era leve como uma pena no ar do infinito. Eu conversava com Deus, rezava e sabia, de algum modo, que não estava só...

Resolvi que ia estudar, como todos faziam. Era o que via ao meu redor. Também queria estudar, ir à escola, ler e escrever. Tinha pressa de crescer. Fui à escola com três anos de idade, de tanto insistir. Eu tinha personalidade, quando queria algo, não desistia. Cheguei à escola e... que decepção! A dor da desilusão mais absoluta. Descobri a mentira e a maldade em outras crianças e nos adultos, professores. Não sabia se o mal começava em alguém, mas o sentia, via e sofria. Já existia *bullying* naquele tempo, só não recebia esse nome. Eu chamava de maldade mesmo. Tentei por três longuíssimos meses descobrir o que poderia aprender na escola. Confesso que não consegui perceber qualquer beleza ou atrativo naquele lugar. Decidi que a escola não era para mim. Insisti e voltei para casa, afinal, antes só do que mal acompanhada.

Passei a buscar formas de passar o tempo até conseguir realizar a minha missão aqui. Inventei brincadeiras, gostava de desenhar, pintar, pular e rir à toa, como qualquer criança. Sentia falta da natureza, do mar, dos bichinhos. Nasci bem no centro de uma capital. Descobri algo chamado cinema e me apaixonei. Decidi que assistiria a todos os filmes que pudesse, pois aquilo realmente me interessava! A questão é que, naquela época em que escolhi nascer, não havia muitos cinemas e, menos ainda, filmes dedicados às crianças. Apesar disso, eu estava realmente decidida, e sempre que havia notícias de um filme de censura livre para crianças, conseguia alguém para me levar. Cheguei a assistir 6 vezes o filme *Help*, dos Beatles. Na última vez, soube que o filme sairia de cartaz naquele dia, então encontrei uma pessoa para me levar, e lá fui eu, num dia de chuva forte, feliz da vida. Pensando bem, eu era mesmo uma criança decidida, persistente e corajosa.

O mundo tal como o conheci era muito hostil e perigoso. Prossegui enfrentando as façanhas. Notei que eu tinha uma espécie de predileção por perfeição, detalhes, limpeza, capricho, organização, pelo belo e esteticamente impecável. Não conhecia signos, nem mapas astrológicos, mas dava todos os sinais de ser uma legítima virginiana. Com o ascendente em libra, recebi a bênção de uma dose providencial de leveza e equilíbrio pelo elemento ar.

Prossegui me encantando com a música, especialmente a clássica – Beethoven, Chopin, Vivaldi. Gostava de girar ao som de valsas de Strauss e me imaginava dançando, tocando, cantando. Estudei piano por alguns anos e até me apresentei em uma audição aos 7 ou 8 anos de idade. Fiz *ballet* também por alguns anos e amava todo aquele universo. Conheci a história do Pequeno Príncipe e simplesmente me apaixonei por aquele ser e seu planeta, seu universo também era o meu.

Com 5 anos de idade, depois de muita insistência e persistência minha, consegui aprender a ler sozinha! Eu me exercitava com uma edição do Antigo e do Novo Testamento, lindamente ilustrada, passando horas tentando decifrar o que estaria escrito. Hoje acredito que entrei em ressonância com os livros e ativei minha capacidade de leitura quântica. E logo aprendi a escrever também. Ler e escrever, sem dúvida, foi uma de minhas mais importantes conquistas até hoje. Creio que entendi, de forma intuitiva, que minha missão passava por desbravar o universo das letras, da comunicação e da informação. Senti algo muito especial em minha primeira leitura, que era uma notícia de jornal. Foi uma espécie de emoção até então desconhecida para mim, desde a perspectiva humana. Vislumbrei uma espécie de lampejo luminoso que me trazia um sinal como uma estrela-guia. Acredito que me agarrei ao rastro de luz dessa estrela e nunca mais a soltei. Tornei-me uma aficionada por escrever redações, comentários, cartões, mensagens, cartas, pois sou do tempo em que se escrevia cartas e se colocava no correio imaginando a alegria, a surpresa que causaria na pessoa que a receberia. Sou desse tempo em que a gente esperava a resposta por meio de outra carta, contando os dias, conferindo a caixa de correio como uma espécie de devoção diária.

Ao longo dos anos, decidi que gostaria de escrever um livro. Antes que isso acontecesse, escrevia minhas introspecções, *insights*, medos e sonhos e depois passei a escrever os infinitos trabalhos da faculdade, que eu atravessava madrugadas datilografando numa máquina de escrever, que era a maior das tecnologias da época. Quando me formei, passei a escrever muitos pareceres, laudos e análises de perfil, conforme exigia minha área de atuação profissional. Fiz cursos de pós-graduação e me esbaldei escrevendo os trabalhos e as pesquisas solicitados, e no mestrado decidi que ia transformar minha dissertação em um livro, e assim aconteceu.

Prossegui dando aulas e escrevendo muito, ajudando alunos a escrever. Inspirei algumas pessoas ao longo do caminho a escrever ou mesmo a publicar seus livros. Tornei-me poeta aos poucos, arriscando uns versos aqui e ali, até que a poesia se apresentou e não parou mais de brotar em mim. Sempre digo que se eu me fosse amanhã, encontrariam em meio aos meus livros e papéis, nas minhas estantes e gavetas, muitos blocos, cadernos e pedaços de papel com anotações minhas. Poesias, pensamentos, ideias para um livro ou artigo, inspirações para a vida...

Assim, estou aqui para simplesmente compartilhar algumas das muitas mensagens, crônicas, artigos, poesias que tenho escrito em diferentes momentos desta caminhada que chamamos vida. Considere tudo isso simplesmente um exercício diário de busca pela consciência e, mais do que isso, pela lucidez.

Não esperem escritos "encaixados" nem preocupados em agradar qualquer tipo de métrica, ritmo, convenção. Aprendi que não vim para me encaixar, nem me enquadrar. Vim para ser quem sou e assim cumprir uma missão de amor, de paz e de luz. Apenas isso.

Agradeço por sua atenção e seu acolhimento, desejando que aqui encontre algo que toque sua alma, seu coração, quiçá inspire em você algo puro, bonito, digno e sincero para sua jornada e missão na Terra.

Um abraço afetuoso e fraterno,
Ingrid

A luz da comunicação

Já aconteceu de você mostrar algo que chamou sua atenção, por algum motivo em especial, para uma pessoa e ela reagir como se tivesse visto algo bem diferente do que você viu? Já? Muitas vezes? Pois é, comigo aconteceu e acontece com frequência. Eu diria que esse é um dos grandes, talvez um dos maiores, desafios das relações humanas. A comunicação é o processo fundamental para se estabelecer qualquer tipo de relacionamento, do mais breve e superficial até o mais profundo e duradouro. Pode parecer algo simples, mas não é. Comunicar-se com eficácia no sentido de transmitir uma mensagem e conseguir que ela seja recebida de forma clara e plena é algo tão fundamental quanto ambicioso. Conseguir que a mensagem seja recebida e que toda a subjetividade implícita nela, como sentimentos, emoções, objeções, ironia sutil, peculiaridades de seu humor, reticências, gravidade, reflexão e introspecção, seja percebida na medida plena, realmente, é algo bastante difícil. Na maioria das vezes, impossível. Para começar, cada pessoa, como ser único, possui tantas idiossincrasias que para alcançarmos de forma perfeita o sentido e significado de sua comunicação, teríamos que conseguir entrar dentro dela.

A fim de ilustrar tal nível de complexidade, vejam o depoimento a seguir: certa vez, um professor que havia vivido alguns anos no Japão tentava explicar aos seus alunos, na universidade, como era a cultura do povo japonês, seus valores, sua filosofia, maneira de se relacionar, de fazer negócios. Ele se esforçou para isso até que concluiu dizendo: "para entender de verdade o povo japonês, teríamos que nascer japoneses ou trocar a nossa cabeça por uma cabeça de japonês". Como isso é impossível do ponto de vista da realidade concreta e das relações corriqueiras e diárias, temos de aceitar a imperfeição como uma condição inexorável à condição humana. Partindo dessa aceitação, precisaremos desenvolver e aperfeiçoar, constantemente, a nossa empatia, uma dimensão do amor verdadeiro que nos possibilita uma aproximação daquilo que vai dentro da alma e do coração, da mente de outra pessoa. Reparem que estou falando de uma dimensão do Amor, pois é disso que se trata.

A empatia é essa competência humana e humanizante de se colocar no lugar da outra pessoa e sentir o mais próximo daquilo que ela provavelmente está sentindo, vendo, percebendo, entendendo ou não conseguindo entender, pensando, imaginando... Você consegue se dar conta do grau de complexidade de nossa comunicação humana? Imagine então num planeta onde a população já ultrapassou os 7 bilhões de habitantes e onde existem centenas de idiomas e dialetos diferentes, histórias, culturas e padrões estabelecidos tremendamente distintos. Além disso, do ponto de vista espiritual, a população da Terra possui variados níveis de consciência e de evolução, que vão desde aquelas almas que vieram com um corpo e uma aparência humanas, mas que não alcançaram ainda a condição de humanidade, até aquelas almas, em número bem menor, que já conquistaram o estado de iluminação.

Nesse ínterim, temos um espectro variado de níveis de consciência, como bem observou Ken Wilber, que torna o nosso desafio existencial ainda mais gigantesco. Por essa razão, estamos recebendo, nas últimas décadas, centenas, milhares de almas que chegam como voluntários das estrelas para nos ensinar e nos relembrar que podemos nos comunicar de forma mais evoluída, simples e perfeita por meio da telepatia. São as crianças e os jovens das novas gerações que já vêm altamente telepatas, ou seja, se comunicam pela mente, o que elimina uma série de ruídos e barreiras. Afinal, quando uma mente se comunica diretamente com a outra, o processo ocorre de forma instantânea e não permite que filtros, como padrões de cultura, idiomas, crenças, valores, preconceitos, tradições, sentimentos e emoções, distorçam a mensagem enviada. Não há espaço para ocultações, mentiras, manipulações, pois a mensagem vai direto da mente, da fonte emissora, à mente do receptor. Simples assim!

A telepatia é a forma de comunicação mais avançada que existe. Ela facilita, dinamiza, simplifica, economiza tempo, energia e pode impedir inúmeros conflitos, desentendimentos e até guerras em família e mundiais. Na medida em que avançarmos em nosso processo de comunicação, poderemos amplificar de forma poderosa e transformadora todos os nossos sentimentos elevados de amor, de paz, de alegria, de fraternidade, de harmonia, de união com tudo e todos. Alcançando a nossa transcendência e iluminação, seremos capazes de enxergar e ver bem além das aparências, das máscaras e dos véus. Libertaremos nossos olhos espirituais e os debruçaremos nas janelas de nossas almas... dá para imaginar?

Cego

Estou cego
sinto que já
não enxergo
as ruas, as curvas
as linhas
dessa sinuosa
avenida...
Surdo vou vagando
por entre becos
e distritos,
vilas, ruelas
não escuto a vida...
Ah... eu estou muda,
cega e ensurdecida
diante de todos
esses absurdos
vazios e obscuros
rios de lama,
de lava incandescente...
Lampejos de lucidez
me acordam
durante a noite
sacodem meu corpo
e minha mente
desvelam-me
eu sou descendente,
sou ético e puro
mas sou complacente...
Me agarro ao destino
e fico descrente
me solto, me entrego
confio, eu sou
o sol nascente
a luz desse fogo
que nos alimenta
sustenta eu, você
e toda essa gente...

a maternidade nesses tempos modernos

"Nós, mães, sentimos muita culpa. Só por ser mãe, por ter colocado no mundo, já dá uma culpa geral. Então, é uma luta que a mãe fica sempre fazendo." (Tiê)*

Nenhuma missão é mais sagrada do que ser mãe. Aceitar o compromisso de dar à luz uma outra vida, se responsabilizando por tudo a respeito dessa nova vida, a qual chega de forma delicada e frágil por intermédio do próprio ventre, é algo grandioso e serial surreal se não fosse divino. Agora, assumir tal grandeza de compromisso numa época como a atual, em que vivenciamos uma confusão de valores e de parâmetros éticos e morais tremenda, torna tudo muito mais desafiador. Considerando ainda que essa confusão é reforçada por um acirramento, em escala mundial, de todas as polaridades possíveis, tais como crenças religiosas,

---

* Reflexão da cantora e compositora Tiê, mãe de duas meninas, sobre a maternidade.

partidos políticos, times de futebol, machismo e feminismo, preconceitos e racismo, ideologias de esquerda e de direita que têm levado a guerras e terrorismo.

As guerras e o terrorismo são mantidos há anos e alimentam os subterrâneos criminosos de um governo mundial obscuro que instiga o medo e fabrica armas, precisando de ambos para se manter e assim manipular a população. Este tem como alvo principal, justamente, as crianças e os adolescentes das novas gerações, o que torna ainda mais hercúleo e descomunal o desafio de ser mãe. Agregam-se a esse contexto as redes sociais, que nos conectam 24 horas por dia com qualquer lugar do planeta e para as quais ainda não estamos devidamente alfabetizados, nem maduros e preparados para lidar e aplicar para o nosso bem e o bem dos nossos semelhantes.

Nossa! Está ficando realmente difícil... Temos que acrescentar que neste mundo turbulento e inconstante nunca se viu tantas drogas de poderes absurdamente potentes e de resultados cada vez mais perversos e aterrorizantes sendo distribuídas à vontade nas festinhas dos adolescentes, disfarçadas nas cores de balas e doces ou puras e brutas, nas portas de escolas, oferecidas de bandeja às crianças e aos jovens. Todos os dias grupos de traficantes brigam por territórios e por clientes, matando quem tentar impedi-los e recrutando crianças e adolescentes para trabalhar para eles.

Neste mundo, a verdade vem à tona por todos os lados, nada mais fica escondido. Tudo está sendo descoberto e trazido à luz – um movimento urgente e necessário que se movimenta e nos envolve cada vez mais, deixando expostas todas as facetas da sombra e do mal. Nesse contexto, somos forçados a encarar nossas verdades nuas e cruas, de frente para o espelho individual e coletivo.

Ao mesmo tempo em que temos um sistema educacional deixando evidente a sua falência, temos crianças e jovens em número crescente gritando e chorando que não querem mais ir à escola. Uma escola que nada lhes ensina, que os aborrece e os faz sofrerem, impingindo uma tortura diária de falta de escuta e de entendimento, falta de afeto aliada à pobreza de experiências, de estímulos e desafios que realmente levem ao desenvolvimento humano. Reforçando e engrossando os desafios nesse contexto, temos as novas gerações, crianças e adolescentes que já nascem muito diferentes, com DNA mais ativado, com características físicas, mentais, emocionais, energéticas e espirituais distintas, novas. Algumas dessas crianças nascem com o novo DNA que é o GNA. Dá para imaginar o tamanho, a profundidade e a amplitude do desafio de gerar filhos e de ser mãe num mundo assim?

Sabedores disso, precisamos honrar e exaltar a grandeza desse compromisso assumido e também oferecer informações, orientações e apoio a todas essas mães.

Vejamos o que a linguagem poética, que é uma forma de comunicação mais evoluída e avançada, nos diz sobre as mães das novas gerações e a maternidade:

As mães

Mães são dois corações
que abrem as portas do céu
Mães são como balões
iluminando a escuridão
fazem de cada fibra
cada fio de sua emoção
uma nota da canção
capaz de acender a vela
na tela da criação
Mães são como capelas
guardando nossas orações
são preces feitas de amor,
de fé e pura devoção
Mães são como novelas,
séries, dramas, romances,
comédias e filmes de ação
capturam nossa atenção
se fazem presentes
mesmo quando ausentes
moram em nosso inconsciente
se revelam em nosso presente
se desvelam de forma
doce, firme e paciente
dão a vida por quem
elas se doam
dia e noite
noite e dia
são vorazes e corajosas
quando se trata de sua cria
se entregam ao temporal

para salvar sua filha
do susto levam à alegria
enfrentam qualquer gigante
monstro ou delinquente
para livrar seu filho
do bote de uma serpente
Mães são pura intuição
sabem reconhecer o mal
os descaminhos, a tentação
desfazem e cortam geral
com Amor, oração e sal
Água benta, abraços
e lições de moral
olhos nos olhos
as mães chamam
por seus filhos
lembrando quem eles são
ativando neles a memória
de um propósito e missão
Mães são pó de estrelas,
pó mágico que encanta,
acalma, ilumina e vela
por suas crianças
Arco-íris, Cristais, Estelares
exilados de Capela
vindos do Sol Central
descidas pelo canal
até o ventre materno
Mães são receptáculos eternos
das filhas que geram filhas
que continuam a vida
com devoção aguerrida
suportam e curam feridas
dores de almas partidas

abusadas e extorquidas
Mães e filhas sustentam
com maestria
esse fio tênue da vida
Mães criam filhos meninos
para respeitarem sua origem
e respeitarem as virgens
honrando seu berço esplêndido
valores espirituais
moral, ética e tudo mais
Mães são as palavras
não ditas, guardadas
para momentos especiais
são as memórias vivas
de nossos ancestrais
Mães conscientes
e mães inconscientes
decentes e indecentes
curiosas e inquietas
passivas e acomodadas
mães modernas e clássicas
mães convencionais
mães inovadoras
cientistas e desbravadoras
mães que são, ao
mesmo tempo, pais
mães tranquilas e calmas
mães frias e técnicas
mães carinhosas e cheirosas
mães acolhedoras
mães nervosas e desesperadas
mães poderosas e aladas
mães bruxas e fadas
mães médicas, terapeutas

*mães poetas, artistas
mães cozinheiras, prendadas
mães tricoteiras, bordadeiras
mães rezadeiras
mães agricultoras
mães cantoras, pianistas,
mães trabalhadoras
mães contorcionistas
mães são evolucionistas
carregam a matriz da vida
o gérmen da evolução
de uma espécie em ascensão
mães saibam que essa é a sua
missão, a mais sagrada de
todas, a principal:
dar à luz e criar filhos saudáveis, que honrem
seus pais, sua vida e a vida de
seus semelhantes, que honrem a natureza
e a Deus.
Mães de agora, mães de sempre
mães de todas as gerações
recebam nosso abraço apertado e
repleto de Amor Verdadeiro,
de alegria e de gratidão.
Recebam esse abraço especial
com as vibrações e as saudações
de seus filhos e filhas
da Quinta Dimensão!
Mães vocês agora
estão despertas, conscientes
e são abençoadas!*

As crianças

"E mesmo assim tenho que avisar
Que a vida às vezes é difícil de lidar
O lado bom é que eu vou me esforçar
Farei de tudo pra você ser bem feliz." (Tiê)*

Se você já é mãe ou planeja ser mãe, prepare-se, pois as crianças de agora vão exigir de você um olhar renovado e diferente, bem diferente daquele que sua mãe, sua avó e seus antepassados costumavam ter em relação à infância, a criar filhos e à maternidade. Não importa que idade você tenha ou que idade tenham seus filhos, o momento é de rever, sair da zona de conforto e abrir novas portas e janelas mais arejadas e iluminadas.

Ser mãe não é apenas o ato de conceber e de procriar, esse é apenas e tão somente o começo de uma jornada. Crianças necessitam

---
* Trecho da música *Pra Amora*, composta por Tiê para sua filha caçula.

de atenção, cuidado e dedicação de pelo menos um adulto em tempo integral. Elas precisam de muito amor e energia disponíveis para abastecê-las, nutri-las e apoiá-las. Suas mães necessitam estar saudáveis, em equilíbrio e ter consciência de seu papel e de sua missão como mães. As mães das crianças de agora têm desafios extras, mas também recebem e receberão bônus extras.

Percebam por meio desta poesia quem são as crianças de agora, seus filhos que aqui estão e os filhos que ainda virão. Abra seu coração, sua mente, seu espírito e sinta as vibrações emanadas por elas nesta mensagem e recebam como um tesouro, um presente raro e especial.

As crianças...

Novas crianças, novos seres
chegam agora, sem cessar
aportam nessa casa
nesse planeta "X"
Terra planeta azul
feita de mares sem fim
e partes de um rei Elohim
florestas verdes, flores e capim
animais que voam, pastam,
deslizam, nadam
por aqui...
Casa cheia e lotada
de humanos complicados
confusos, desequilibrados
guerras, lutas, brigas
sem fim
Nem notam que as crianças
nascem de olhos abertos
com uma pureza sem fim
exalam aromas de anjos

sussurram palavras novas
na língua dos serafins
arcanjos e querubins
revelam muito no pouco
fórmulas, teorias, conceitos
sinais, surpreendentes projetos
maturidade de adulto
dons e talentos perfeitos
vêm encarnados
e prontos
mensagens vivas
canções, harmonias, poemas,
sons, melodias infinitas
olham no fundo dos olhos
acolhem, afagam, amam
são nossas verdadeiras amigas
feitas de sol e de estrelas
brilham no escuro
como velas acesas
são parceiras, são cúmplices

são almas antigas
velhas almas conhecidas
desconhecem o medo e
a tristeza, a raiva
a competição, o ódio
e a maldição
Encarnam a alegria
o Amor Incondicional
Irradiam a luz cristalina
inspiram força, coragem
com sua aura azulada
algumas são arco-irizadas
e filtram a luz do sol
decantando milhares de cores
há crianças que ecoam
nos ares, seus profundos olhares
transportam feixes e raios
de luzes interdimensionais
informações espectrais
e são multissensoriais
essas crianças são estelares
nos olham com seriedade,
pureza e serenidade,
amam a música clássica
a arte e a diversidade.
Crianças Índigo, Cristal,
Arco-íris, Estelares
nos trazem em milhares
de dons, a magia
da renovação,
da cura e da transformação.
São canais de comunicação
direta, simples e fácil
com as elevadas dimensões
são telepatas natas,
falam sem precisar
das palavras...
são cantores, bailarinos
ginastas, artistas circenses
acrobatas, escritores, poetas
pensadores, diplomatas
arquitetos, astronautas
pastores interdimensionais
ecologistas, internautas
curadores, terapeutas
expansores de consciências
dilatadores de corações
inspiradores das almas
são anjos autodidatas
Crianças tão diferentes
não se enganem
elas não são doentes
são apenas e tão
somente
seres sencientes
iluminados, superconscientes
de seu propósito transcendente
de sua Essência Espiritual
As crianças
são estrelas
vindas do plano astral
voluntárias recrutadas
cuidadosamente selecionadas
por Nosso Pai Celestial...

Os sentimentos

"Sentimento se refere a uma capacidade ou aptidão para sentir, a uma disposição para se comover, se emocionar. Diz respeito à sensibilidade, à expressão viva, animada, à emoção e também à percepção íntima, ao conhecimento imediato, à intuição, ao pressentimento de algo. Afeto, afeição, amor. Disposição emocional complexa da pessoa, predominantemente inata e afetiva." (Dicionário Houaiss)

Será que os sentimentos são iguais em todos nós, humanos de todas as nações? Sentir em qualquer idade é sinônimo de humanidade? O que são, afinal, os sentimentos? De que são feitos esses mistérios que nos colocam em movimento e se parecem com as emoções? Dizem que as emoções têm a ver com as motivações que vêm de dentro da gente, lá do fundo do ser, da alma talvez... emoções ligadas a motivos que nos levam ao movimento, a agir deste ou daquele jeito, nesta ou naquela direção... Jung descrevia a emoção como um calor que traz tudo à luz, sendo a principal fonte da consciência... já os sentimentos têm mais a ver com os pensamentos que povoam nossa mente, nossas crenças e nossos condicionamentos, comandando nosso coração por enganosos caminhos.

O pensar tem a ver com a razão atuando em nossa mente dissociada do coração. Separar mente e coração, viver baseado em tal divisão significa, no mínimo, conflito e dissociação entre espírito e razão. Tal forma de ser guiado pertence ao passado, ao paradigma cartesiano, reducionista e muito limitado.

O inesquecível escritor, pensador e poeta uruguaio Eduardo Galeano, em *O livro dos abraços*, sugere neologismos, como a palavra "pensacoração", para preencher esse vazio existencial, essa lacuna imposta pela visão puramente racional e para assim expressar a Unidade Fundamental do Ser. Sentir do ponto de vista dessa Unidade Fundamental do Ser significa partir de um pensar oriundo da Mente Superior, de uma instância superior em oposição àquela mente racional, lógica, limitada e limitante, porque parcial e excludente, presa e dependente do ego, da personalidade que assume máscaras e mantém lugares sombrios onde se alimentam os fantasmas de nossas ilusões.

Sentir os sentimentos pode parecer redundância, mas se pararmos e silenciarmos essa mente racional por tempo suficiente, seremos capazes de começar a perceber a fonte pura e brilhante do dinamismo do SER.

Sentimentos

O que são os sentimentos?
De onde vêm, como se formam?
Sentimentos são rios,
lagoas, riachos
cheios de seixos
rochas, correntezas
buracos, redemoinhos

têm sentimento
que é feito o mar
imenso, vasto e
profundo,
que têm ondas gigantes
ondas apenas ondas

*espumas brancas
marolas
os sentimentos vão e vêm
como as águas
embaixo da ponte
não se mede
não se enxerga
apenas sabemos
sentimentos vagamente
como a linha
do horizonte
que vemos
mas desconhecemos
talvez neguemos
para evitar tormentos
dores incômodas
sofrimentos, nossos
ou alheios,
dos seres com quem
vivemos
daqueles que nós
amamos...
sentimentos são
como um novelo
que, às vezes,
desenrolamos
como lã quente
outras vezes, como
linha fria...
sentimentos...
sentimentos vêm
como rebentos*

*explodem pra fora
do meu peito
à revelia do meu
próprio querer ser
sentimentos, às vezes,
rolam pelo rosto
encharcam o meu ver
inundam o meu dia
e o meu viver
sentimentos brotam
sem conseguir nascer
implodem antes
do amanhecer
transformam-se
até o alvorecer
sinto, agora mesmo
um aperto, aqui
bem no centro
do meu peito
já sei...
são sentimentos
rebentos
do meu novo
ser...
olho lá no alto
mirando o firmamento
sou toda
sou inteira
um único sentimento
sou Amor...*

Sobre as sensações

Ah, as sensações... a sensação é uma instância não racional ou transracional que nos possibilita experimentar a vida no plano físico e material. São nossos órgãos dos sentidos que nos permitem "exercitar" nossas sensações e alcançar percepções a respeito daquilo que experimentamos na realidade, sem julgamentos, sem críticas, de forma imparcial. Nós apreendemos pelos sentidos a realidade dita concreta de pessoas e objetos. A sensação é um elemento fundamental para que a gente possa desenvolver os aspectos psicoespirituais durante nossa caminhada evolutiva, de acordo com a abordagem transpessoal.

Hoje sabemos e vivenciamos a experiência de outros sentidos ou suprassentidos que nos levam além, muito além das percepções correspondentes aos cinco sentidos, como a intuição que, nos últimos anos, tem se ampliado e permitido entrar em contato com dimensões espirituais e cósmicas. Por intermédio desses contatos, somos capazes de captar informações e conhecimentos novos para a vida terrena. Corroborando aqui, temos que sensação é um processo pelo qual um estímulo externo ou interno provoca uma reação específica, produzindo uma percepção, conhecimento imediato e intuitivo, de acordo com nosso amigo Houaiss, o dicionário. Temos sentidos extrafísicos que nos permitem alcançar percepções quando estamos em viagem fora do corpo, seja durante o sono ou durante experiências transpessoais, como a respiração holotrópica, alguns tipos e estágios de meditação.

Sabe quando sentimos para não sair de casa num determinado dia/hora e percebemos uma sensação no centro do peito e no estômago que, de alguma forma, já conhecemos? Sabemos que a sensação não é agradável nem positiva. Se tivermos que explicar racionalmente, em palavras, não conseguiremos, mas ela está ali. Não podemos pegá-la, tocá-la com as mãos e, muito menos, colocá-la dentro de um armário e ignorá-la. Ela está ali, sabemos. O que acontece se a gente ignorar? Já aconteceu com você de sair mesmo assim e acontecer algo "ruim"? Imagino que sua resposta seja afirmativa... Comigo já aconteceram muitas situações assim, até que resolvi aprender a ouvir essas sensações, a considerá-las e a buscar descobrir mais sobre esses sinais que vêm de dentro ou mesmo de um plano "invisível" ou impalpável. Fui estudar mais, fui fazer psicoterapia, fui buscar mais clareza, mais consciência e mais luz. A jornada é longa e nunca termina, já vou logo avisando, mas vale muito a pena!

Descobri, por exemplo, que existem dimensões "invisíveis" de realidade e que nós todos temos contato e nos comunicamos com elas. Muitas pessoas sentem medo e negam essas dimensões. Outras pessoas, uma minoria, as considera desde criança e estabelece essa comunicação bem cedo. O fato é que nós somos todos dotados e capacitados de sentidos "extras" que nos permitem as chamadas comunicações interdimensionais. As novas gerações, especialmente as crianças e os jovens que chegaram à Terra nos últimos 30 ou 40 anos, possuem esses dons bastante ativados. No entanto, inúmeros adultos maiores e mais, digamos, maduros possuem uma longa história em relação a perceberem essas sensações e dons de comunicação extra, mas que ficaram divididos entre agradar aos pais e aos outros e se encaixar no formato padrão de ser humano ou se assumir em sua natureza e honrar sua essência.

Aquilo que sentimos gravamos, memorizamos e guardamos em algum lugar dentro de nós. A palavra "recordar" vem do latim *recor* e significa voltar a passar pelo coração, deve ser daí a origem do ditado popular: recordar é viver. Interessante que para os romanos o coração era a sede da memória.

As sensações são um importante elemento no sentido de nos guiar durante as nossas experiências diárias, seja para nos proteger, como quando sentimos o calor do fogo e nos afastamos para evitar a queimadura, seja para nos aproximar de uma janela e sentir a energia revitalizante dos raios de sol que por ela entram. Juntamente com a razão, a emoção/sentimento e a intuição, a sensação foi considerada por Carl Jung como uma das funções psíquicas que constituem a nossa "bússola da psiquê". Chama-se bússola justamente porque trata-se de nosso precioso, complexo e delicado instrumento de orientação ao longo de nossa jornada terrena. Por intermédio dela, poderemos buscar a expansão gradual e crescente de nossa consciência, bem como a integração de todos os diferentes aspectos de nosso ser, de forma saudável e harmoniosa, visando sempre o almejado encontro com nosso "estado de unidade", que alguns chamam de "iluminação".

As sensações são de fundamental importância para o desenvolvimento do nosso ser e para toda a aprendizagem a respeito do mundo que nos cerca. Tendo o nosso corpo como instrumento da alma, do espírito, somos capazes de experimentar sensações, alcançar percepções e assim expandir nossa consciência a caminho de nosso autoconhecimento, de nosso autodesenvolvimento e de nossa evolução como seres espirituais que estão, aqui na Terra, passando por uma experiência humana.

Permita que suas sensações sejam acolhidas, integradas a outras dimensões e aspectos de seu Ser. Deixe que suas sensações se revelem como parte de sua natureza essencial e de sua sabedoria de alma. Aceite que suas sensações auxiliem e guiem sua reconexão com sua essência, com a fonte, a unidade... Então, agradeça e agradeça.

Sensações

Passeiam pelo corpo
sinais, sensações
arrepios, enjoos
mareios, tonturas
me falta o ar
no peito, sufoco
me sinto tão
rarefeito...
sensações são estranhas
sinapses se cruzam
assim, sem noção
sem direção
sem pedir sequer
a minha permissão
concentro meu foco
converso comigo
divago, improviso
escorrego e deslizo
por entre meu ser
consulto meu juízo
pergunto a razão
o que significa
a minha sensação
será que ela indica
que estou envolvido
com a minha missão?

Vejo luzes
sinto vibrações
capto intenções
adivinho certas emoções
pressinto fatos,
acontecimentos
enxergo anjos
falo, converso
com seres de outras
dimensões
minha mente
meu corpo
recebem, sintonizam
carregam tantas
informações
absorvem qual esponja
aspiram tudo
que vai nas almas
e nos corações
alheios...
esqueço minhas mãos
meu corpo transpira
transportando tanta
energia, aqui dissipada
mas eis que em seguida
minhas mãos já estão
frias, quase congeladas

*meus olhos mareados
ardem e choram
por fatos, histórias
há muito guardados
tristezas e sonhos
jamais revelados
sem "querer" eu recebo
todos esses "recados"
de seres que estão
ao meu lado
e de tantos outros
semelhantes
bem ao longe
localizados...
sensações ocultas
ou reveladas
atravessam-me
a pele, as vísceras
os ossos e as veias
ensanguentadas...
sensações estranhas
me assaltam
dormindo ou
acordada
deixam-me
assim, meio
desconcertada...
sensações
são parte dessa jornada
desafios de estar
nesse tempo,
encarnada...*

a família

    Família, a célula *mater*, origem de todos os filhos, rebentos, procriação. Gérmen de toda a organização social e comunitária. Conjunto de laços profundos, sanguíneos e afetivos. Família por adoção e coração. Encontro e reencontro de almas neste plano físico e material. Daí vem a razão de nos sentirmos familiarizados e mais à vontade entre certas pessoas e dentro de alguns ambientes.

    Família humana e/ou espiritual. A família nos propicia não apenas o nascimento como alma e espírito num corpo físico, mas também o ambiente favorável, protegido, de apoio, de orientação, de preparação, de capacitação e de aprendizado para viver uma vida aqui na Terra. O chamado "seio familiar" nos alimenta e nos nutre física, mental, emocional, social e espiritualmente para nos tornarmos quem somos em essência.

    A família tem o papel desafiador de nos humanizar, no verdadeiro sentido da palavra, visto que ter simplesmente um corpo não significa que somos humanos de verdade. Esse corpo com sua essência espiritual necessita ser reconhecido, honrado e estimulado com muito Amor, confiança, respeito, admiração e valores éticos e morais, desde o início da vida, ou seja, desde a concepção. É com Amor, dedicação, atenção e esmero dos pais que um filho vem à luz e consegue sobreviver e nascer, aqui... sobreviver não somente ao imenso desafio que é descer do plano sutil, por um corredor escuro e estreito, até chegar ao útero materno, mas também manter-se durante o período da gestação e enfrentar o momento do parto... momento este desconhecido, estranho e suscetível a inúmeras variáveis e influências sobre as quais nem mesmo os médicos ou parteiras mais experientes têm todo o controle.

Família como canal, berço e regaço de todos os nossos anseios, esperanças e espaços para o se desenvolver, crescer, desabrochar, amadurecer...

Família de origem, ancestralidade, árvore genealógica conhecida ou desconhecida, bagagem genética, códigos e padrões herdados, passíveis de serem curados, modificados, ressignificados, expandidos e transformados. Famílias que vamos encontrando, pelo mundo, na jornada da vida...

Famílias dos reinos animal, vegetal, famílias de cristais... somos todos família no imenso reino Universal.

A família

Nada é mais complexo
que uma célula familiar
nenhuma família tem
força de atração e
de repulsão maior do que
seu núcleo
o centro, a origem
de toda a história
uma árvore com
raízes antigas,
profundas e interligadas
somos todos parentes
de todos...
um pouco irmãos
um pouco primos
um tanto pais
talvez, um pouco avós
ou tataravós
de todos
nosso DNA não é puro

*nosso DNA é quântico
e totalmente contaminado
ou melhor dizendo
contagiado
por nossas incontáveis
e insondáveis
viagens pelas vidas
e pelo mundo
nossos encontros e
reencontros cármicos
conexões de almas
assim... não existe
raça pura nem
um isolamento genético
não há um fio isolante
não existe vacina capaz
de impedir que
sejamos tão "contagiantes"
entre idas e vindas
como espíritos divinos
vivos e eternos
somos almas mutantes
nessa roda gigante
que é a vida na Terra.
Somos família itinerante
somos sangue do sangue
herdeiros de muitas
heranças
somos viúvos
da esperança
de manter viva
a biosfera
Nós que chegamos
agora,*

*somos as novas crianças
cantamos e anunciamos
as bem-aventuranças
viemos lembrar a todos
que somos uma família
de laços milenares
e interdimensionais
ativaremos as vossas
consciências
para que não briguem
nunca mais
dividam e compartilhem
o maná e a sabedoria
convidamos todos vocês
a sentarem-se
na mesma mesa
reconhecendo a beleza
e acolhendo a certeza
de sermos todos parentes
unidos pelo fio tão sutil
da divina realeza
(não há como separar)
nossas raízes são
as mesmas
somos os cristos cósmicos
espíritos siderais
família de primeira
grandeza...
segurem com as duas mãos
as setes chaves
que lhe são dadas
oferta, dádiva sagrada
para guiar, iluminar
esta justa caminhada...*

Nosso corpo, nossas vestes

"Nosso corpo somos nós. Nossa única realidade perceptível. Não se opõe a nossa inteligência, sentimentos, alma. Ele os incluem e dá-lhes abrigo. Por isso, tomar consciência do próprio corpo é ter acesso ao ser inteiro... pois corpo e espírito, psíquico e físico, e até força e fraqueza, representam não a dualidade do ser, mas sua unidade."
(Thérèse Bertherat)

Onde você mora? Já parou para pensar onde você, de fato, habita? Seu corpo é a sua casa que possui um nome, uma forma, uma estrutura, uma identidade, uma imagem. Mas você conhece e reconhece a sua casa? Sabe onde se encontram as suas chaves ou perdeu-se delas há muito tempo?

Ah, o nosso corpo que nos veste de carne, ossos, músculos, pele... Instrumento a serviço de nosso sopro divino, de nossa alma. Cada vez que respiramos, estamos exercitando esse sopro e ativando, sustentando a vida em nós. Você já encontrou seu ritmo de respirar? Que qualidade de ar você respira? Já se observou respirando?

Muitos se preocupam e se dedicam às interpretações psicológicas, sociológicas, antropológicas de nosso "conteúdo" usando termos e palavras rebuscadas. Tudo em prol de tentar encontrar algumas das razões de nosso comportamento. Como nos propõe Thérèse Bertherat, "que tal se, através de nossas sensações, procurássemos as razões de nosso próprio corpo?"

Quantas sensações nós tivemos desde nossa vida intrauterina? Quantas sensações temos por dia e quantas tivemos ao longo de nossa caminhada até aqui? Você seria capaz de mensurar e de identificar cada uma delas? Mais do que isso, você conseguiria decodificar o que essas sensações estavam querendo dizer, sinalizar, simbolizar a respeito de você?

Nosso corpo físico é o instrumento complexo de nossa alma, de nossa essência. Possuímos órgãos internos, cada um com seu papel e suas funções específicas. Somos dotados de cinco sentidos físicos e de outros diversos sentidos extrafísicos. Possuímos uma "antena parabólica", nossa glândula pineal, no centro do cérebro feita de cristal. Nossa mente é a região mais sutil e mais espiritual de nosso corpo físico. A consciência atua e faz sua intervenção transcendental em nossa mente, na matéria viva e assim mantém a vida. A morte acontece quando essa intervenção da consciência cessa...

Afinal, como tudo isso está inter-relacionado?

Somos energia materializada sob a forma de corpos físicos. Se você parar e pensar, o corpo físico é uma absoluta ilusão. Átomos, elétrons, nêutrons e prótons organizados e sustentados por ondas vibracionais orquestrados pela Consciência. Somos luz materializada. Somos uma partícula da luz divina. Deus habita em cada um de nós. Ele está codificado em nosso DNA conforme nos atesta e comprova, cientificamente, Gregg Braden em seu excelente livro *O código de Deus*.

Assim, por que será que tantas pessoas "vivem" na ilusão? Pessoas que odeiam seu corpo e fazem de tudo para se autodestruir sob alegação de que estão "fazendo isso para se manterem jovens..." Pessoas que levam o corpo para ser tratado e consertado como se estivesse levando seu carro à uma oficina e derramam lágrimas sinceras quando percebem que não podem mandar consertar a própria vida... Pessoas que reclamam há décadas das formas desequilibradas e distorcidas de seu corpo, mas que se recusam a realizar os movimentos que poderiam libertar-lhes... Pessoas que de tanto controlar, domesticar e violentar seu corpo para corresponder à imagem que supostamente agradará aos outros acabam se transformando em zumbis, autômatos, estranhos... Pessoas que guardam medos, dores profundas, memórias, segredos gravados em suas células e que se tornam rígidas, estáticas física e emocionalmente, esquecendo-se de que no seu corpo se encontram o mapa e a direção para seu reencontro consigo... Basta recordar de quem você realmente é e escolher, hoje, agora mesmo, por despertar! Convide seu corpo e ouça as respostas que ele está ansioso para lhe oferecer de forma, muitas vezes, dolorosa, sim, mas repleta de amor, de sabedoria e de generosidade...

As roupas...

Laços, costuras
vão compondo
novas criaturas
em fios e rendas
bordados na cintura
decotes profundos
miram os corações
feito esculturas,
desfechos, molduras,
criando posturas
disfarçam gorduras,

espaços vazios...
botões, abotoaduras
pressionam regiões
de amor e emoções
colchetes e ganchos
religam sensações,
intuições, inspirações...
tecidos de linhas finas
permeiam meu corpo,
ligam a minha vida
ao cume de uma montanha...
sou guiada para cima
inspirada subir
sem olhar para trás,
sem mirar abaixo...
caminho sentindo
esses finos tecidos
envolvendo meu corpo
abraçando meu ser...
são roupas, sob medida
para o meu amanhecer...

arrebatar, elevar-se, voar

Experiência de êxtase, maravilhar-se, enlevar-se, encantar-se. O arrebatamento pode estar relacionado ao estado de espírito ou humor de um indivíduo quando este encontrar-se dominado, por exemplo, pela alegria, pela admiração, pelo entusiasmo ou mesmo pela devoção. Fala-se em experiências de transportes místicos durante momentos de oração e devoção profunda.

No contexto das doutrinas cristãs, o termo "arrebatamento" está diretamente relacionado aos sete últimos anos que compõem o chamado "Juízo Final" ou "Data-Limite". O significado intrínseco e aqui, bem simplificado, é de que durante o período chamado de "Grande Tribulação" os seres humanos que fizeram sua escolha por Deus, pelo Amor e pela luz serão arrebatados ou retirados do plano da terceira dimensão, a Terra Física, e colocados a salvo em uma dimensão mais elevada. Trata-se de escolha e exercício do seu livre-arbítrio, essa lei que rege a terceira dimensão (3D).

Cabe aqui esclarecer ou apenas lembrar ao leitor que as diferentes dimensões se referem mais a um estado de consciência e de espírito do que a um lugar físico propriamente dito.

Experiências de arrebatamento, de êxtase e de enlevação são mais comumente relacionadas aos gurus, aos mestres de yoga, aos santos e aos artistas em seus momentos de suprema criação. No entanto, podemos experimentar esses momentos ao buscar a pureza da alma, nosso centro interno de Amor e de luz, nossa conexão profunda com Deus e nossa entrega. Permita-se viver esse momento sem interferências. Dedique-se e pratique com todo o seu ser e alcançará tal estado de devoção. A experiência de estar totalmente presente com as crianças, brincando, entregues àquele momento, com a totalidade de nossa alma sintonizada à pureza da alma da criança, poderá nos conduzir nessa direção, afinal as crianças são mensageiras do divino que habita em cada um de nós.

Arrebatamento...

Seres brotam
de todos os lados
seres de luz
imenso e mínimos,
flashes incandescentes
riscam o céu da gente
se espalham no teto
do quarto
correndo de um jeito
rápido, estranho e
ativado...
seres, muitos seres
sinalizam no espaço
indicam a direção,
a hora e o compasso...
mudanças, transformações,
é tempo de caminhar
com asas, nas linhas
do firmamento,
nas cordas finas e lisas
em naves de luz e cor
que brilham a nos chamar
pedindo nossa atenção
avisam que vamos ser
guiados ao tal momento
o dito "arrebatamento"...
seres vêm pelo ar,
suas naves
lindas, redondas,
ovais, lisas e longas
imagens espaciais
que brilham como glaciais
espargem informações,
luz, energia,
notas musicais,
frequências...
escutem a sinfonia...

Revelação

"Não há nada mais difícil do que mudar a si mesmo."
(Ditado budista)

Considerando a natureza humana e seus aspectos constitucionais, biológicos, sociais, psicológicos e espirituais, somos de imediato confrontados com nossa complexidade. Cada uma dessas dimensões que nos caracteriza como humanos precisa ser analisada e compreendida em profundidade e extensão. Ao mesmo tempo, se quisermos manter a clareza e o discernimento que compõem um estado de lucidez, precisaremos sustentar a noção de que cada uma dessas dimensões não descreve e, muito menos, alcança sequer um esboço de um ser humano. Não existe ser humano se ele for visto em suas partes constitucionais separadas, fragmentadas. Para analisar, estudar e compreender minimamente o ser denominado de humano, necessitamos, fundamentalmente, de olhar integrado de todos esses aspectos ou dimensões.

Dessa forma, deve-se estudar cada dimensão mantendo a noção de que tais dimensões não são puras, não existem em separado e coexistem e se inter-relacionam, permanentemente. Essas dimensões só existem nessa inter-relação e numa dinâmica constante de influência mútua, por isso que estudar e decifrar um ser humano são considerados como alta complexidade. Ao levar em conta ainda que cada indivíduo possui uma história de alma distinta, só aumenta o grau de complexidade dessa análise.

Mudar a si mesmo é difícil e complexo. Deve ser por esse motivo que vemos tanta gente sofrendo e se debatendo para tentar mudar os outros. Pais que insistem em moldar e modificar a natureza de seus filhos usando, inclusive, de violência moral, psicológica e física. Maridos tentando modificar suas esposas e vice-versa. Governos autoritários e totalitários insistindo e persistindo em modificar a natureza de seu povo, usando desde as mais altas e sofisticadas técnicas e estratégias de manipulação até os mais baixos e vis golpes por meio da força, do dinheiro e da violência armada ou não. Provavelmente, por essa razão temos hoje uma geração inteira de jovens completamente confusa e perdida. Não conseguem ser quem eles são. A pressão excessiva e violenta para se encaixarem e se moldarem aos desejos e às expectativas dos pais, da família, da sociedade os levou a perderem o rumo. Sofreram um bloqueio emocional e energético tão impactante que sua natureza e sua essência ficaram sufocadas. Muitos entraram no túnel escuro da depressão e/ou das drogas, outros andam à deriva ou enveredaram pelo caminho do crime e da contravenção.

Enfrentar-se no espelho da verdade e decidir parar de fugir de si mesmo e de sua verdade, de sua realidade, que é consequência das próprias escolhas, não são mesmo ações fáceis. Ver nossos defeitos e limitações nos outros parece ser bem mais fácil e indolor. Julgar e criticar as outras pessoas parecem ser o caminho menos pesado, aparentemente. Vejo tudo fora de mim. Condeno nos outros aquilo que não admito nem para as paredes de meu quarto. Dormir e acordar assim, fugindo, tem sido um hábito da maioria. Assim se instalou a chamada normose entre nós. Um tecido social, grosseiro, deformado e que cheira muito mal. A normose está nos distanciando cada vez mais e emudecendo a voz de nossas almas. Está matando qualquer possibilidade de mudança, de transformação.

Contudo, existe um antídoto para esse mal. O caminho passa pelo "despertar" da sua, da nossa consciência. Lembre-se de que cada um é verdadeiramente uma semente, uma potência silenciosa. Cada um é único, não existe um ser humano igual ao outro, por isso não se compare a ninguém. O caminho da autotransformação exige disciplina e foco em você mesmo. Não importa se você nunca praticou meditação, yoga, alimentação natural ou frequentou algum templo e culto religioso. Você pode mudar e se transformar muito rapidamente desde que haja uma decisão sincera, pura e firme vinda do seu coração. Em um segundo, tudo pode realmente começar a mudar para você. Pessoas que estão há anos praticando meditação, cultos religiosos, viagens a lugares distantes seguindo gurus talvez estejam muito mais longe do que você desse momento culminante. A porta para seu despertar é interna, só tem uma chave (cópia única) e só abre por dentro.

Reflita e decida hoje encontrar a unidade que habita em você... Vire essa chave... Abra a porta...

O uno em mim

Não sou mais o mesmo...
hoje acordei diferente...
essa noite, fui levado
a um ser impermanente
que me olhou, lá no
centro, de minha mente,
conduziu-me devagar
e tão docemente,
ao lugar que procuro,

almejo e vislumbro
sempre que desse mundo
eu fujo e me escondo...
Vi a luz que em mim
sempre brilha, fulgura
uma estrela-guia
que em mim se refugia
descobri quem eu sou
sem ninguém me dizer
nenhuma palavra, a me descrever
revelei-me na luz que
da estrela brotou
nessa pedra safira
tão azul, norte e sul...
tornei-me quem sou
revelado estou...

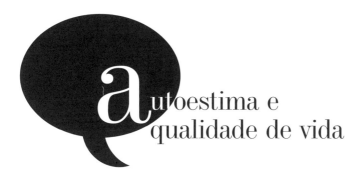

Autoestima e qualidade de vida

A autoestima – aquele sentimento de competência e de valor pessoal – pode ser considerada o termômetro da saúde global de um indivíduo e o fundamento da qualidade de sua vida. O julgamento que fazemos a respeito de nós mesmos e que é formado nos primeiros anos de vida determina nossa visão sobre a realidade e todas as nossas escolhas. Dessa forma, a autoestima positiva ou negativa vai definir nosso estilo de vida, nosso sucesso ou nosso fracasso.

A compreensão mais profunda do seu significado, de suas consequências para a saúde, para nossos relacionamentos, carreira e vida é fundamental, assim como orientações sobre como melhorar e fortalecer nossa autoestima, pois este é o caminho para fazermos escolhas mais conscientes e conquistarmos uma vida mais saudável e equilibrada.

Assumindo a responsabilidade de ser o meu melhor eu

"Quando morrermos e formos para o céu e encontrarmos o nosso Criador, Ele não nos dirá: por que não se tornou um Mestre? Por que não descobriu a cura para isto ou aquilo? A única coisa que vai nos perguntar, neste momento precioso, é por que você não se tornou você?" (Wiesel in Buscaglia)

Quantas vezes somos levados a reavaliar nossas escolhas, atitudes, hábitos e valores? Geralmente isso acontece em função de uma situação externa, um fato novo, grave, impactante e dramático como um acidente, uma doença, uma perda e/ou ameaça importante. Nessas circunstâncias, quantos de nós não se pegaram pensando: "e se eu tivesse morrido..." ou "se fulano tivesse morrido..."

Existirá desafio maior do que este contido nesta pergunta: "por que você não se tornou você?" Haverá missão mais elevada e importante, nesta vida, do que nos tornarmos quem nós realmente somos e fazermos o que viemos fazer aqui, da melhor forma possível? Pare, pense e responda com muita honestidade para si mesmo. Essa é nossa maior responsabilidade na vida, pois se não fosse, por que você seria tão singular? Afinal, todo mundo é diferente. Não existe um ser humano igual ao outro. Todo mundo tem alguma coisa única e especial a dar aos outros que ninguém mais no mundo tem!

Podem existir pessoas parecidas, com talentos e habilidades semelhantes, mas nunca iguais. Será que isso não basta para que você se entusiasme consigo?

É com a intenção de despertar em você o desejo de descobrir mais e mais quem é você, qual seu potencial e missão a realizar que estamos escrevendo este texto. Nele você vai encontrar alguns conceitos, algumas etapas e passos fundamentais sem os quais é impossível sermos nós mesmos, darmos o nosso melhor aos outros, nos realizarmos como seres humanos e, finalmente, alcançarmos a qualidade de vida definida por muitos estudiosos como sendo sinônimo de felicidade.

Para isso, partiremos de uma premissa ou condição fundamental: ninguém, mas ninguém mesmo, por mais que ame você, e por isso queira ajudá-lo, ninguém poderá assumir por você a responsabilidade que é somente sua. Você é o primeiro e principal responsável por amar a si próprio, cuidar bem de si mesmo, de sua saúde e integridade física, mental e espiritual. Somente você é responsável por respeitar a si próprio e a fazer com que os outros o respeitem. Estamos entendidos? Desejo que você chegue a essa conclusão por si mesmo ao final da leitura deste texto.

Consideramos que algumas perguntas são necessárias para o exercício do pensar e para mexer com o que precisa ser mexido: sua consciência. Afinal, mudar de opinião sobre nós mesmos, olharmo-nos com outros olhos, admirarmos a nós mesmos e nos amarmos mais e mais, sem que isso pareça egocentrismo, excesso de vaidade, falta de humildade ou algo do gênero, exigem bem mais de nós do que lermos algumas linhas deste livro.

Em primeiro lugar, precisamos nos perguntar: quem somos nós? Após, devemos refletir: o que significa ser um *ser humano*? Qual é a nossa essência e qual a nossa natureza como seres humanos? De que somos feitos, será apenas de carne, de um corpo físico?

A próxima pergunta que se faz necessária é: por que estamos aqui? Depois continuarmos a reflexão com: será que viemos a esta vida apenas fazer um passeio? Será que viemos para passar uma infância e juventude brincando, estudando, para depois tornarmo-nos adultos e continuarmos estudando e trabalhando para então formarmos uma família, vermos essa família crescer, se desenvolver e depois envelhecermos enquanto fazemos planos para uma aposentadoria onde só então poderemos, com nossas economias, realizarmos alguns sonhos guardados e tantas vezes adiados? Para em algum tempo, depois de aposentado, morrermos e ponto final? Será que foi para isso que viemos a esta vida? Se você responder que sim ou que não, mesmo assim eu lhe direi que as estatísticas demonstram que as pessoas tendem a morrer dois ou três anos depois de se aposentarem.

Agora lhe pergunto: qual é o sentido de tudo isso? Qual o sentido da sua vida? Essa pergunta é relevante porque os estudos comprovam que as pessoas que encontram sentido para sua vida e que sabem por que estão aqui são pessoas melhor preparadas, mais fortes e mais resistentes para enfrentar os desafios da vida, as crises e para lidar melhor com o estresse. Essas pessoas não sofrem do chamado *vazio existencial*, uma expressão utilizada em Logoterapia, por seu criador Viktor Frankl. Tais pessoas dificilmente sofrerão de depressão, pois possuem uma perspectiva de vida mais longa, são candidatos a representantes da chamada longevidade.

A próxima pergunta é: para onde estamos indo? Qual é a direção? Sobre isso existe uma máxima já bem conhecida que diz mais ou menos o seguinte: a quem não sabe para onde está indo, qualquer vento serve.

Imaginemos agora que você é um barco que não se conhece o suficiente e por isso não sabe que tipo de motor possui, qual sua potência e autonomia de navegação, que limites de velocidade suporta, que intensidade de ventos e quais condições adversas pode suportar sem naufragar, ou seja, sem se matar. E mais, não tem um claro plano de navegação, uma rota e um destino, um porto definido onde deseja chegar... Dá para imaginar os riscos que estará correndo e o quão difícil será chegar em algum lugar. E se chegar em algum lugar, imagine como será difícil de sentir-se realizado, de sentir satisfação, de saborear e usufruir de algum tipo de sensação de conquista, de vitória, pois você não saberá que chegou! Dá para imaginar? É assim que muitos estão conduzindo, ou deixando que conduzam, "o barco da vida"! Será que é isso que desejamos para nós, para nossas vidas? Será nós não somos bem mais preciosos e merecedores de cuidado, de zelo, de atenção, de dedicação e de amor? Se não nós, quem irá merecer? Não me diga que são os outros, mesmo que estes outros sejam seus filhos, netos, namorados ou maridos, seus amigos. Não me diga isso, sabe por quê? Porque, simplesmente, ninguém dá aos outros aquilo que não tem para si mesmo.

Relembremos a máxima que Jesus Cristo nos ensinou: "Amai-vos uns aos outros como eu vos amei e amai vossos semelhantes como a si próprio".

Quantas pessoas dizem: "Ah, eu vou continuar fumando, ou bebendo, ou comendo tudo o que gosto, afinal, todos vão morrer um dia mesmo", "eu vou morrer fazendo o que mais gosto!" Encontramos ainda pessoas que afirmam: "Ah, eu sei que tenho que fazer exercícios físicos, até o médico já me aconselhou, mas eu não gosto, não adianta, por isso não faço! Um dia quem sabe..."

Bem, gosto é gosto e não se discute, e o livre-arbítrio é sagrado, segundo ele, todos têm direito de escolher e de decidir sobre sua vida e fazer dela o que bem entender. Que é um direito não se discute, mas será que são escolhas conscientes, inteligentes, sábias? Sem dúvida, podemos afirmar que não!

Conforme Nathaniel Branden (1992, p. 30), um psicoterapeuta, estudioso e escritor americano, "viver conscientemente implica respeitar os fatos da realidade – os fatos do nosso mundo interior, bem como os do mundo exterior – em contraposição a uma atitude que se resume em: se eu não optei por ver e reconhecer isso, isso não existe. Viver conscientemente é viver de maneira responsável em relação à realidade". Isso quer dizer que uma atitude de negação da realidade demonstra, além de inconsciência, imaturidade e *burrice emocional*, para usar um termo proposto por Daniel Goleman.

A última pergunta proposta é a seguinte: quando é que nos tornamos capazes de dar o melhor de nós? Em que condições nos tornamos aptos a oferecer aos outros o melhor de nós? Imagine, por exemplo, aqueles artistas do famoso Cirque Du Soleil, considerado o melhor circo do mundo. Eles apresentam-se de forma tão criativa e perfeita quanto à sincronia, ao equilíbrio, à harmonia, força, beleza plástica que conseguem nos proporcionar momentos de pura magia, encantamento e êxtase! Ao assistirmos um espetáculo deles, ficamos certos de que se existe a perfeição, eles a estão encarnando! Diante de uma apresentação desses artistas ou de atletas recordistas, somos levados a nos perguntar: como eles conseguem tal *performance*, como atingem tais resultados?

Sem dúvida, para responder a essa pergunta, apontaremos o talento, o dom, o potencial já nascido com cada um deles. Isso é verdadeiro, mas está longe de responder à pergunta de forma completa e adequada. Esses campeões nasceram com um dom, com um físico adequado, enfim, mas o que determina tamanho sucesso e desempenho inclui a descoberta desse talento, a decisão de dedicar-se a investir no seu desenvolvimento, a disciplina para persistir por anos a fio, dedicando-se muitas horas por dia a esse desenvolvimento e abrindo mão de muitas coisas, de muitos interesses e valores como a família, uma relação estável etc. Implica também a coragem para enfrentar e superar os inúmeros obstáculos e desafios que certamente existem e surgem.

Além disso, seus resultados brilhantes tanto quanto emocionantes nos fazem lembrar que por trás de tudo existe uma história, muitas histórias de seres humanos, gente de carne e osso, como nós. É uma história que envolve muito, mas muito trabalho, abnegação, dedicação, um misto de sacrifício e paixão.

Esses resultados de alta *performance* nos mostram onde cada um de nós, seres humanos, podemos chegar quando alcançamos clareza quanto aos nossos dons e talentos, quanto a nossa missão de vida e, quando, obviamente, focamos todas as nossas energias e esforços para realizá-los. Demonstram, tais resultados, onde nós seres humanos podemos chegar quando alcançamos o equilíbrio entre corpo, mente e espírito. O que, em outras palavras, significa dizer quando conquistamos alto grau de saúde integral e de bem-estar geral.

Isso é possível, e os inúmeros exemplos que nos cercam são as provas vivas de que nós nascemos para brilhar, cada um de um modo único, diferente e especial, mas todos com esse potencial, sem dúvida!

Ao responder a última pergunta proposta, nos tornamos capazes de dar o melhor de nós quando:

Mais expandido for nosso estado de consciência.

Somos nós mesmos.

Estamos em sintonia com a nossa alma.

Temos claro nosso propósito e missão de vida.

Amamos e somos amados.

Estamos felizes e em equilíbrio.

Encontramos sentido na vida.

Acreditamos nos sonhos e agimos para realizá-los.

Temos fé em nós e em Deus acima de tudo.

Despertando para a visão real do nosso eu

Voltando à questão "quem somos?", precisamos despertar e ampliar a visão sobre nós mesmos. Durante muitos anos estivemos adormecidos, acreditando que nosso eu era composto de uma mente limitada, que devemos pensar de acordo com padrões preestabelecidos e que somos destinados a obedecer. Além disso, fomos levados a acreditar que nosso corpo físico tem o funcionamento igual ao de uma máquina "desmembrável" em partes e passível de consertos ilimitados ao longo do tempo. Tudo isso compõe uma visão muito limitada, simplificada, reducionista e degradante sobre nós mesmos.

Nós somos bem mais do que isso, nosso projeto divino é bem mais ambicioso e mais complexo do que essa visão mecanicista, ainda predominante, nos fez acreditar. Nós somos seres biopsicossocioespirituais. Essa é nossa natureza e essência, é o nosso verdadeiro eu.

Despertando para essa visão, seremos levados a compreender que nossa natureza precisa ser conhecida, alimentada e respeitada nas seguintes instâncias:

Biológica: necessidades físicas como alimentação, sono, sexo, atividades físicas etc.

Psicológica: necessidades emocionais, afetivas, mentais e intelectuais.

Social: necessidades ligadas à convivência com outras pessoas, trocas afetivas, comunicação adequada.

Espiritual: necessidades relacionadas à vocação e ao propósito de vida, a meditação, contemplação da natureza, a fazer o bem aos semelhantes, a cultivar a fé e a esperança.

Para alcançar nossos melhores resultados e brilhar, portanto, precisamos ser nós mesmos e, para isso, precisamos conhecer profundamente a nós mesmos. Só assim estaremos aptos a nos amarmos de modo incondicional. Lembre-se de que só amamos na medida em que conhecemos, confiamos e admiramos alguém. Isso vale para nós em primeiro lugar.

Estamos sendo chamados a despertar e a olhar com outros olhos: nós mesmos, os outros, a vida e o mundo ao nosso redor!

QUALIDADE DE VIDA E ESTILO DE VIDA

É importante compreender o que significa Qualidade de Vida, ao menos em termos mais amplos, para compreendermos o que é o Estilo de Vida (EV) e qual seu poder de influência sobre a primeira.

Segundo a Organização Mundial da Saúde (OMS), Qualidade de Vida envolve cinco dimensões: saúde física, saúde psicológica, nível de independência (diz respeito ao grau de liberdade e autonomia), relações sociais e meio ambiente.

Walton, um dos pioneiros e mais conhecidos estudiosos da Qualidade de Vida no Trabalho, a define como sendo um conjunto de valores humanísticos, existenciais e ambientais que vêm sendo negligenciados em favor do avanço tecnológico, da produtividade e do crescimento econômico.

Podemos também entender a Qualidade de Vida como uma medida do grau de satisfação e de adequação entre aquilo que aspiramos e o que, de fato, obtemos em nossa vida. Quando houver desequilíbrio, surgem o estresse e suas diversas consequências.

Parece-nos particularmente importante a definição oferecida pelo psicólogo, pesquisador e escritor Mihaly, que entende que a qualidade de nossas vidas não depende de forma direta daquilo que os outros pensam de nós ou daquilo que nós possuímos. O essencial, ao contrário, é como nos sentimos a respeito de nós mesmos e do que nos acontece: para que a vida seja melhor, precisamos aprimorar a qualidade de nossa vivência! Isso significa que temos o poder de escolher a forma como iremos reagir aos desafios, aos estímulos recebidos, sejam eles positivos ou negativos. Nesse caso, quanto mais conscientes e em equilíbrio estivermos, quanto mais nos conhecermos e quanto mais formos desenvolvidos emocional e espiritualmente, mais condições teremos de reagir de modo sábio e adequado em cada uma das situações que a vida nos apresenta.

Aliada a essa noção de poder pessoal, chegamos à definição de Estilo de Vida, extremamente importante para a conquista da saúde, do bem-estar e da qualidade para nossas vidas.

O Estilo de Vida (EV) é definido pelas nossas práticas diárias, ou seja, tudo o que fazemos e o como fazemos, desde o momento em que acordamos até o momento em que adormecemos. Assim, tudo o que comemos, bebemos, as atividades físicas que fazemos, as atividades mentais, o que respiramos e, principalmente, o que pensamos e sentimos definem nosso Estilo de Vida. O impacto do EV é de 53% sobre nossa saúde e bem-estar, segundo as pesquisas. Os outros fatores que nos causam influência são o meio ambiente, com impacto de 20%, os fatores biológicos, com 17%, e a assistência médica, com 10%.

Com base nessas informações, podemos concluir que, por exemplo, os fatores biológicos, dentre os quais subentendem-se os genéticos, hereditários e que são, frequentemente, usados como escudos e transformados em vilões pelas pessoas que não conseguem mudar seus hábitos, têm um poder de influência sobre a saúde muito menor do que o Estilo de Vida. Fica evidente que o EV é, disparado, o fator mais poderoso em termos de impacto sobre a saúde, e justamente esse fator depende exclusivamente de cada um de nós.

Somente eu posso escolher que Estilo de Vida desejo ter: sedentário ou mais dinâmico e ativo, por exemplo. Só eu posso tomar a decisão, a qualquer momento, de reavaliar o Estilo de Vida que estou adotando e de redefini-lo de acordo com padrões mais saudáveis para mim e, consequentemente, para os que me rodeiam. Afinal, é importante lembrar que uma pessoa saudável e equilibrada contribui para propagar a saúde entre seus familiares, seus pares e colegas de trabalho. Essa pessoa torna-se um exemplo a ser seguido e um "campo de energia positiva, consciente" que se propaga e contagia os ambientes por onde passa.

Como saber se seu Estilo de Vida está adequado, equilibrado e saudável? Primeiro, pare e reflita sobre como tem se sentido nos últimos tempos quanto aos fatores de bem-estar destacados, tais como alimentação, sono, qualidade dos relacionamentos, resultados obtidos em sua atuação nas várias áreas da sua vida, seu grau de satisfação e de realização, sua paz interior, enfim. Seja muito, muito honesto, afinal, quem será o primeiro prejudicado ao mentir para si mesmo?

Depois faça o seguinte exercício (Exercício extraído do livro O tão da paz de Diane Dreher, Editora Campus,1991.):

Pergunte a si mesmo "Quanto tempo gasto, todos os dias, para:

Comer:

Dormir:

Fazer exercício:
Trabalho significativo:
Crescimento espiritual:
Atividades renovadoras (divertimento, leituras, *hobby*, etc.):
Gozar a companhia de amigos:
Convivência familiar:
Manutenção de rotina:
Serviço social:
Outros:

Depois de fazer este exercício, com toda a honestidade e coragem possíveis, você terá como resultado, uma fotografia do seu momento atual, um diagnóstico do seu Estilo de Vida. Poderá, então, partir para o próximo passo que é fazer este exercício revendo os tempos para cada uma das atividades, fazendo os ajustes necessários, sempre visando o equilíbrio e tendo em mente a visão de você, um ser **biopsicossocioespiritual**. Ao terminar, você terá um novo ou um renovado "plano de navegação" para reconduzir o "barco de sua vida" de forma ainda mais consciente e responsável.

Preste muita atenção aos sinais dados por seu corpo, os sintomas, tais como dores, tonturas, formigamentos etc., pois eles são a linguagem usada para avisar sobre algo que não vai bem. Cuidado para não agir como o capitão de uma história contada por Ken O'Donnell, em seu livro *Endoquality*, o qual foi avisado muitas vezes pelos tripulantes do navio de que tinha sido avistado um sinal luminoso muito próximo. Esse capitão, que era bastante onipotente e autoritário, recusou-se a verificar do que se tratava e insistiu na ordem de que o sinal luminoso deveria desviar-se do seu navio, afinal, ele era o capitão. Ao descobrir que o tal sinal era um farol, já era tarde, o navio se chocou e naufragou.

Lembre-se sempre de que as sensações, a intuição, os sintomas e as doenças são seus sinalizadores, como os tripulantes e o farol eram para o capitão. Eles são manifestações físicas de desequilíbrios energéticos gerados pelo seu Estilo de Vida. Você não poderá responsabilizar ninguém, a não ser você mesmo, por esses desequilíbrios!

Autoestima e estilo de vida

Tendo compreendido melhor a nossa verdadeira natureza como seres humanos e também o que significa Qualidade de Vida e a importância do Estilo de Vida para a saúde e o bem-estar, você só precisa agora de uma boa dose de autoestima para ir em frente e fazer o que precisa fazer por você!

A autoestima forma-se nos primeiros anos de nossa infância, sendo inicialmente muito influenciada pelas opiniões, reações e atitudes de outras pessoas, principalmente nossos pais, sobre nós. A autoestima é a soma da autoconfiança com o autorrespeito e reflete o julgamento implícito de nossa capacidade de lidar com os desafios da vida e o direito de ser feliz. Em outras palavras, autoestima é a medida desse amor próprio, é a medida desse amor dedicado a nós mesmos. É visível por meio de nossa postura física, a qual, por sua vez, revela nossa atitude interior e, consequentemente, nossa atitude perante a vida.

A maioria de nós recebeu, segundo Branden, uma educação que torna difícil a apreciação de nossa autenticidade. Fomos treinados, desde muito jovens, a negar o que sentimos, a usar máscaras, e assim perdemos o contato com nosso verdadeiro eu, o Eu Interior, em nome de um ajustamento ao mundo que nos cerca. Fomos educados e pressionados, desde crianças, para nos *encaixarmos* nos padrões preexistentes.

As pressões que recebemos desde a infância, para esse ajustamento e para corresponder às expectativas dos outros, foram, quase sempre, baseadas em afirmações, em repressões e reprimendas que nos causaram muitos medos. Esses medos cultivados por nós e guardados por muito tempo transformaram-se em nossos maiores inimigos. Devemos lembrar que existem duas forças fundamentais que nos movem durante a vida: o medo e o amor. Ambas são forças opostas, portanto, quanto mais medo eu sentir, menos amor sentirei e vice-versa.

O medo é um inimigo interno, silencioso e poderoso, o qual pode nos paralisar e nos derrubar. Portanto, para desenvolver uma autoestima positiva, elevada, é essencial que alimentemos, constantemente, o amor e que enfrentemos o medo, vencendo-o ao deixar de alimentá-lo. Enquanto formos prisioneiros do medo e vivermos atuando com as máscaras criadas pela "educação", negando o que sentimos, estaremos distantes de sermos o nosso melhor eu. Estaremos contribuindo para que em nosso universo predominem as relações padronizadas, frias e desumanas, para que prevaleça a competência técnica sobre a intrapessoal e a interpessoal, gerando sérios prejuízos aos valores éticos e morais.

A autoestima é uma experiência íntima, a qual reside no cerne do nosso ser. É o que eu penso e sinto sobre mim mesmo, não o que o outro pensa e sente sobre mim. Ninguém, mas ninguém mesmo, afirma Branden, pode gerar essa experiência de competência e de valor, de autoafirmação da consciência, de confiança em si, a não ser a própria pessoa.

Saiba que a boa autoestima exige congruência – o Eu Interior está de acordo com o eu manifesto no mundo. Exige autenticidade, coragem e independência. É uma conquista difícil e trabalhosa, sem dúvida! As pessoas autênticas são minoria, sim, mas são também as mais felizes, pois sabem amar a si e aos outros!

Você já percebeu que o caminho para conquistar a saúde, o bem-estar e uma maior qualidade para a sua vida é justamente buscar o autoconhecimento para, por meio dele, descobrir e enfrentar seu inimigo interno, o medo? Vencendo o medo, ou enfrentando-o pelo menos, o que é uma tarefa diária, você deve alimentar seu amor próprio, tirando partido também de tudo que descobriu sobre quem é você.

Conhecendo seus limites físicos, psicológicos, técnicos, financeiros, entre outros, você será capaz de reconhecê-los, de respeitá-los e de fazer com que os outros também os respeitem. Por outro lado, conhecendo seus dons e talentos, torna-se mais fácil otimizá-los, desenvolvê-los e aplicá-los para o bem dos outros e para seu próprio bem. Descobrindo e tornando-se consciente sobre o que lhe faz mal, o que o estressa ou o que lhe faz bem, acalma e relaxa, você poderá fazer um plano estratégico e mais sábio de navegação ou de ação. Dessa forma, você estará no caminho do autodesenvolvimento, ou seja, responsabilizando-se pelo seu próprio crescimento e por sua evolução, sendo o agente transformador e diretor de sua carreira e de sua saúde, de sua vida.

As palavras de Deepak Chopra nos lembram de que somos essencialmente consciência pura, que significa potencialidade pura, nossa essência espiritual. Quando você descobre quem realmente é, encontra toda sua potencialidade. Assim, para estimulá-lo a prosseguir nesse caminho de transformação e de conquista da sua saúde, plenitude, bem-estar e felicidade, responsabilidade que não pode ser transferida a ninguém, terminaremos este capítulo com algumas palavras tão sábias quanto amorosas, vindas direto da alma, do coração de Leo Buscaglia:

Amar a si próprio também envolve o conhecimento de que ninguém mais pode ser você. Se tentar ser outra pessoa, talvez se aproxime muito, mas sempre será um segundo. Mas você é o melhor você. Isso é a coisa mais fácil, mais prática e mais recompensadora do ser. Se você conhece, aceita e gosta de si próprio e de sua individualidade, permitirá que os outros façam o mesmo. Se valoriza e aprecia a descoberta de si, encorajará os outros a descobrirem a si mesmos. E você só será capaz de amar os outros até o ponto e profundidade que ama a si próprio.

aqui na Terra é assim...

"Tudo é duplo; tudo tem dois polos; tudo tem seu par de opostos; o semelhante e o dessemelhante são uma só coisa; os opostos são idênticos em natureza, mas diferentes em grau; os extremos se tocam; todas as verdades são meias-verdades; todos os paradoxos podem ser reconciliados." (O Caibalion)

Sempre digo às crianças que atendo e aos adultos e suas crianças internas: "aqui na Terra é assim..." Falo desse jeito para tentar explicar o que significa ter aceitado descer aquele túnel apertado e escuro que nos trouxe, como voluntários, a este planeta esquisito, denso e incongruente. A Terra é um planeta marcado pela dualidade, pelas divisões, pelos opostos e, ao mesmo tempo, pela magia dos complementares, dos reencontros de almas... É um planeta tão lindo e cheio de possibilidades infinitas.

Converso com sua alma, querido leitor, e com a alma das crianças. Comunico aquilo tudo que antes eu vivi e vivo, desde quando aqui nasci, porque assim escolhi. Você também escolheu descer e estar aqui e agora. Ninguém nunca nos disse que seria fácil, pelo contrário, nossos guias bem que nos alertaram enquanto revisavam com nossa alma nosso próximo roteiro de vida. Não só aceitamos como nos comprometemos a vir, a ser e fazer o nosso melhor aqui na Terra. Você se lembra? Não?! Tudo bem, provavelmente a maioria dos leitores e dos humanos não se lembra, no entanto existe um número grande, crescente e significativo de crianças que, nos primeiros anos de sua infância, têm essas memórias vivas! Só que ninguém lhes pergunta.

Vocês ficariam impressionados com as narrativas claras, puras e sinceras que eu já escutei de muitas crianças. Passam longe de ser fantasia e são tão sublimes que nos tocam e transformam só de ouvir, só de estar na presença delas. O que mais chama a atenção é que todas essas crianças se referem a um túnel apertado e escuro, uma descida rápida até entrar no corpo físico da mãe. Além disso, todas relatam de forma semelhante como observaram seus pais lá de cima e como os escolheram pelo brilho de suas luzes e por certas características de alma, de personalidade.

Compartilho com vocês um relato que está publicado num livro chamado *Yo vengo de sol*, do menino argentino Flavio Cabobianco, a respeito de onde estava antes de vir à Terra e de seu processo de escolha e descida a esse planeta:

[...] Antes de nascer, eu vejo tudo, tenho todas as perspectivas. Minha visão não tem limites, porque não tenho olhos físicos. Pela primeira vez, estou perto de um planeta tão denso. Fui me preparando, passando por outros planetas onde podia ensaiar o físico. Era como escrever no ar sem usar lápis. Porém, isso é muito diferente, raro; vou ter um corpo material. Trago alguns dados básicos para poder estar aqui: sim ou não, tempo e espaço. Este é um mundo de opostos.

Recordo centenas de bolas luminosas, todo o ser vivente é uma bola de luz. Vejo algumas que podem me ajudar a viver neste planeta tão duro. Vejo duas possíveis mães: uma com um ego forte e outra com ego mais suave, porém justo. Essa última está acompanhada por outra bola de luz que brilha muito; agora posso dizer que com as cores verde e violeta. Eles me atraem porque estão unidos pelo amor. Serão meus pais. Sei que tenho que ir. Começo a sentir-me cada vez mais atraído a eles. Aparece um túnel luminoso; ao redor há escuridão. Quando entro, eu me sinto muito apertado, muito fechado.

Para mim, nascer neste mundo, é como morrer para os humanos: é passar a um plano desconhecido.

Quando entro em minha mãe começa o processo físico de minha vida. Eu vou a sua mente porque é a parte mais sutil que encontro; desde sua mente eu dirijo a evolução de meu corpo [...].

Já li esse relato algumas vezes, para mim e para diversas mães, no consultório, como forma de oferecer entendimento além das palavras. Todas sentiram-se tocadas e algumas foram às lágrimas.

Flavio hoje é um jovem que segue sua vida de "missioneiro", como ele revelou ainda criança. Entretanto, soube que ele se recolheu para manter sua integridade, afinal não é fácil descer e permanecer neste planeta sendo assim tão diferente, sensível e sutil.

Pessoalmente vivencio tal dificuldade, os desafios de viver e conviver com todos os opostos e suas consequências e particularidades. Conheço muitas pessoas de diferentes idades que estão vivenciando tais desafios e sentindo a tentação de desistir, de partir daqui, ou seja, subir o túnel estreito e retornar à luz. Elas me escrevem, buscam ajuda, mas me pergunto: "e todas aquelas pessoas que não buscam ou que não encontram auxílio em seus momentos de 'noite escura da alma?'"

Existe uma linda música desse ser índigo chamado Jason Mraz que fala de forma poética e inspiradora a respeito de nossos desafios diante de uma vida na dualidade. Trata-se da música *I won't give up* ou *Eu não vou desistir*. Compartilho alguns trechos a seguir e recomendo que você escute essa música muitas vezes com sua mente, seu coração e todos os seus sentidos bem abertos. Experimente essa forma de meditação e usufrua seus efeitos terapêuticos.

Eu não vou desistir

Quando olho em seus olhos
É como observar o céu à noite
Ou um belo nascer do sol
Tanta coisa eles carregam
E assim como as antigas estrelas
Eu vejo que você chegou tão longe
Para estar bem onde você está
Qual a idade da sua alma?

Porque até as estrelas, elas se acabam
Algumas até caem sobre a Terra
Temos muito a aprender
Deus sabe que merecemos
Não, não vou desistir
Eu não quero ser alguém que vai embora tão facilmente
Estou aqui para ficar e fazer a diferença que eu puder
Nossas diferenças fazem muito para nos ensinar como usar
As ferramentas e os dons que temos, sim, temos muita coisa em jogo
E no fim, você ainda é minha ami-
ga, pelo menos, tínhamos a intenção
Para funcionarmos, não terminamos, não morremos
Tivemos que aprender como nos virar sem o mundo ceder
Tive que aprender o que tenho, e o que eu não sou
E quem eu sou.

Muitas vezes, durante esta jornada terrena, nos perguntamos: "por que eu? Por que comigo? Justo agora, por quê? Será que eu mereço? Estarei indo na direção certa?" Ou pensamos assim: "Não estou aguentando a pressão. Estou me sentindo tão sozinho... Ninguém me ama o suficiente. Ninguém tem tempo para mim. Acho que não sou merecedor da felicidade nem do sucesso. Foi um erro eu ter nascido. Não sou capaz nem forte o suficiente para enfrentar tudo isso... Acho que vou desistir". Sabem por que nos sentimos assim? Vocês sabem, apenas não se lembram... É o esquecimento e o adormecimento sobre quem somos nós em essência que nos fazem sentir assim.

Quando descemos aqui na Terra por aquele túnel e nascemos aqui no mundo físico, recebemos uma dádiva divina que se chama "manto do esquecimento". Foi como se um véu sutil descesse com nossa alma e no momento de nossa chegada nos envolvesse, fazendo com que esquecêssemos a história de nossa alma, sua origem e, principalmente, nossa natureza divina e una com a luz, com Deus Criador. Como nos revelou o amado Flavio, com apenas 6 anos de idade:

Somos todos partículas saídas de Deus. Quer dizer, a morte, como final da vida, não existe; a vida segue, de outra maneira, seguimos sendo parte da vida que vem de Deus e que volta a Deus. Entre muitos destinos se forma o único destino. O destino da humanidade. Deus não tem tempo. Ele está fora do tempo. Tudo o que está dentro do tempo começa e termina.

Simples assim segundo as palavras desse menino, que trouxe tantas mensagens profundas, verdadeiras e que nos ensina que devemos ajudar os adultos para que esses possam entender e ajudar as crianças:

Se os pais estão abertos, irão cuidar das crianças, seus filhos, sem impor suas próprias ideias, sua visão de mundo. O principal é dar-lhes espaço, dar-lhes tempo, deixar-lhes pensar, deixar que falem. É muito importante falar-lhes de Deus, do espiritual, porém sem insistir como se fôssemos donos da verdade.

Viver a dualidade da dimensão terrena significa conviver com um corpo físico, material e uma mente localizada, fisicamente, no cérebro. Implica se movimentar com esse corpo e pensar usando essa mente. O pensamento nos conduz, constantemente, a dividir tudo e todos em frações, em facções, em dimensões, como dentro e fora. "Penso, logo existo", eis a máxima filosófica que demonstra algo de nossa natureza humana cuja essência é espiritual e cuja existência é material, física. O pensamento é uma função da mente/cérebro que nos induz a pensar, obviamente.

Seria o pensamento uma construção da mente? Afinal, o que é a mente, onde ela começa e termina? Será que a mente está dentro ou está fora? Ela nos domina ou nós a dominamos? A mente nasce com a gente ou surge depois do nascimento, digo, do parto, momento ao qual nos referimos dizendo: "ela vai dar à luz".

Quando nasce, o bebê passa por uma fase de indiferenciação em relação a sua mãe e ao mundo em geral, de acordo com a psicanálise. Ele e a mãe são um todo indivisível, e o mundo tal como o percebemos depois de adultos, simplesmente, não existe, quer dizer, não há uma consciência sobre o fora e o dentro, sobre o eu e o tu. Tudo o que existe são necessidades a serem satisfeitas de imediato. Quando essas necessidades demoram a ser satisfeitas ou não correspondem ao tempo adequado para o bebê, o que acontece? Surge a frustração, a sinalização de um limite, uma fronteira que vai se delineando aos poucos. Justamente a partir da percepção gradual, pelas experiências de privação como fome, sede, sono e do amadurecimento dos sistemas fisiológico, neurológico e emocional surgem a consciência e a noção de eu.

Então, a dualidade é uma criação do eu? Será que é bem assim? Começa aí nossa experiência de dualidade ou já começou no momento em que descemos, encarnamos? Por que é tão difícil responder a essas perguntas e encontrar certezas? Por que quase nunca estamos satisfeitos aqui neste mundo material e tão físico? Por que quando, por exemplo, faz muito frio desejamos nos livrar dessa sensação e ansiamos pelo calor das cobertas, de uma lareira? Por que quando sentimos calor intenso desejamos seu oposto, o frio ou ao menos o frescor dos dias outonais ou primaveris? Por que quando recebemos como presente cabelos cacheados desejamos que eles sejam absolutamente lisos e o contrário também é verdadeiro? Por que será que eu nunca estou pronta e me sentindo preparada na hora em que teria, pelo menos pelas convenções sociais, de estar? Como uma criança brincando e se divertindo, totalmente concentrada no seu agora absoluto, a gente se pergunta por que não posso seguir brincando? Por que está na hora de ir dormir? Por que tenho de comer se não tenho fome? Por que uma criança não pode gritar "eu te amo" para todas as pessoas que ela vê e por que essas pessoas acham que a criança é louca só por isso? Quantas perguntas! Todas elas manifestam algo deste mundo dual, percebem?

Como encontrar respostas satisfatórias a estas e outras tantas questões que vamos nos fazendo durante a existência? Sinceramente, não sei todas as respostas e, de verdade, estou preferindo aprender a viver com as perguntas, até porque sei que quando encontramos algumas das respostas mudam também as perguntas. Agora, o que posso dizer, e digo sempre às crianças e aos adultos, é que *aqui na Terra é assim...*

Navegar entre opostos sem se deixar levar por qualquer vento, sem permitir que as armadilhas traiçoeiras das sombras afundem ou façam nosso barco naufragar, eis o nosso imenso e gigante desafio. Em tempos de transição planetária, tendo alcançado a denominada *data-limite* para cumprirmos nosso "protocolo" de sobrevivência, precisamos nos perguntar: o que devemos soltar e deixar ir, o que não fizemos e devemos fazer já, agora? Como transcender a ilusão da separação e dos opostos? Como reativar nossa conexão original com a Mãe Terra e com Deus? Como ativar nosso botão de memória de que *somos um com todos e de que não existe, nunca existiu, a separação?*

Sintonia de opostos

A estrada é longa
mas eu sigo aqui
sento nas curvas
freio, observo
quero ver onde estou
não consigo,
subo em cima dos pés
na pontinha me estico
faço força e vou além,
mas me sinto como
um náufrago, perdido
entre oceanos e dimensões
vou assim, remando
e tateando sem saber
bem o porquê...
ouço ruídos, barulhos
explosões...
será que estão se abrindo
as portas, os portões?
Vejo naves, muitas naves
entre elas
muitos seres, presenças
e direções...
estrelas na escuridão
lampejos, luzes, cordões
conduzem a energia
persigo a estrela-guia
chamando em pleno dia
eu grito, clamo
e desejo
que o belo seja o feio

e o feio transforme
o medo na mais pura
harmonia
e que a plena sintonia
dos opostos e aparências
se torne a chave dourada
de uma nova ciência
que resulte da experiência
de uma espécie de
consciência, plena,
pura e sincera...
Salve a anatomia
da vida feita de esferas,
de curvas sinuosas e cheias
repletas de entropia
Vazias, ocas e abertas
respiram o ar macio,
cheiroso e arredio,
inspiram confiança e paz
acolhem novos desafios,
desenhos, geografias.
Pressionam nosso esplênico,
empurram nosso cardíaco
alargam o coronário
e ativam nosso olho interno
cristais brilham, intensos
à luz alcançou
a luz...

Voar e voar... Com que asas?

"Voar, voar
Subir, subir
Ir por onde for
Descer até o céu cair
Ou mudar de cor
Anjos de gás
Asas da ilusão
E um sonho audaz feito um balão
O que sai de mim vem do prazer
De querer sentir o que eu não posso ter
O que faz de mim ser o que sou
É gostar de ir por onde, ninguém for
Do alto coração
Mais alto coração." (Biafra)[*]

---

[*] Música: *Sonho de Ícaro*.

Jamais me esquecerei daquela época maravilhosa em que costumava ficar cuidando de minha pequena afilhada para sua mãe trabalhar por algumas horas. Eu realmente ficava muito grata e feliz e me entregava totalmente aos preciosos momentos, que passavam sempre voando, com ela. Lembro-me bem de me preparar, um dia antes, pensando em como recebê-la, cuidando de todos os detalhes que sempre acreditei que uma criança pequena merece e necessita que sejam cuidados. Ficava num estado especial de graça desde o momento em que acordava e me sentia com energia extra, saltitante de tanta alegria!

Num desses inesquecíveis momentos, quando ela tinha uns 2 anos de idade e ainda aprendendo a falar, estávamos brincando sentadas no chão quando ela me disse num tom de voz que mesclava doçura, pureza e lamento e com um olhar que tocaram o fundo da minha alma: "Dinda, onde estão as minhas asas? Eu 'quelo' as minhas asas, eu 'quelo' as minhas asas!" Ela tentava olhar para trás e colocar suas mãozinhas nas costas como quem procurasse, de fato, suas asas. Eu senti sua dor, entendi seu profundo lamento, tomei um fôlego e respondi com todo o amor que me transbordava do coração: "Querida, tu ainda tens as tuas asas, elas estão aí, apenas não consegues ver, agora que estás aqui, na Terra..."

Lembrei-me naquele instante, o qual durou uma eternidade devido ao tamanho da dor e do significado metafísico daquilo que ali se revelava, de que nós viemos de alguma estrela e lá nós tínhamos asas mesmo. Fiquei recordando de outras crianças que eu havia atendido e que mencionavam, de algum modo, suas asas, seu voar. Muitas delas me contaram que ajudavam os anjos nas dimensões onde se encontravam antes de descer para a Terra.

A experiência de escuta dessas crianças sempre me faz lembrar de relatos como os da terapeuta e metafísica norte-americana dra. Meg Blackburn Losey em seu livro *Crianças de hoje*, em que ela fala sobre o sofrimento de crianças e jovens que desejam abrir suas asas e não conseguem devido à falta de acolhimento, de entendimento de seus pais, do ambiente familiar e social. Essas crianças foram sentindo-se sufocadas e confinadas à dimensão do seu corpo físico e da matéria até começarem a adoecer. Um desses casos que ela atendeu foi o do jovem Michael, de vinte e poucos anos, que em sua primeira conversa lhe disse:

Eu tenho asas. Sinto como se tivesse de sair pelo mundo espalhando mensagens de amor. Eu, literalmente, perambulei pelo mundo no último ano. Fui para a Europa e andei descalço o tempo inteiro. Não suporto usar sapatos, pois é como se meus pés estivessem numa caixa. Eu preciso sentir os pés no chão porque isso me ajuda a sentir melhor a realidade terrena. Eu geralmente sinto como se não estivesse aqui de verdade. Eu preciso de ajuda.

A dra. Meg esteve em outra ocasião com uma jovem de 16 anos, chamada Kara, que estava, como Michael, no limite de sua exaustão. Na primeira conversa, a jovem lhe disse: "Eu tenho asas e sempre tive consciência delas". Disse que se sentia frustrada por ninguém conseguir vê-las e não poder assegurar-lhe de que elas realmente existiam. Kara confidenciou que vivia entre múltiplas realidades, ao mesmo tempo, mas não havia ninguém em quem seu lado humano pudesse encontrar apoio, compreensão e companheirismo. O lado humano de Kara, portanto, havia caído numa profunda depressão. Ela disse outra vez: "Eu tenho asas". A dra. Meg respondeu: "Sim, eu posso vê-las". Ao confirmar para a jovem o que ela estava vendo e que suas asas eram reais, abriu-se um canal de comunicação entre suas almas. A jovem foi contando como, desde criança, tinha muitas visões de anjos, guias, de espíritos de pessoas mortas, de presenças sombrias que pareciam segui-la. Ela disse ver outras realidades diferentes desta de terceira dimensão e que sentia medo, pois ficava confusa sem saber o que era real ou não.

Ao receber da Dra. Meg a compreensão profunda, o esclarecimento necessário sobre o que ela via, percebia e sentia e que não estava ficando louca, ao contrário, ela precisava reconhecer seus dons, sua força, suas capacidades e passar a confiar mais em si, Kara começou a se curar. Ela foi conseguindo abrir suas asas e estar neste mundo, integrando as diferentes dimensões e os aspectos do seu ser, no aqui e agora.

Conforme nos diz a dra. Meg, "existem de fato muitos anjos humanos entre nós, crianças e adultos que precisam do mesmo tipo de compreensão e de confirmação que a jovem Kara". Concordo plenamente com ela e com suas experiências e observações. Estamos cercados por esses anjos humanos que ocupam diferentes papéis, nas mais variadas áreas, e que são verdadeiros agentes de cura e de transformação com sua simples presença. Eles são a manifestação humana de sua essência espiritual e sutil perfeição.

Poderiam ser, e de fato são, muitas vezes, confundidos com seres psicóticos – "só que não!" Eles são de uma impressionante lucidez. São seres profundamente sensíveis e de puro amor cuja existência e permanência no plano físico se tornam problemática, muito difícil. Sou levada a lembrar de nosso amado gênio da pintura Vincent Van Gogh, que viveu numa época em que a densidade e a incompreensão eram ainda maiores. Ele se viu sitiado, foi apedrejado e maltratado de inúmeras formas. Tantas vezes feriram sua alma que ele não resistiu. Sua alta sensibilidade, seu grau de amor pela natureza e pela humanidade, sua pureza e generosidade beiravam mesmo a "insanidade" para os padrões daquela época, na França. Ele era um ser totalmente diferente que simplesmente amava a todos e só desejava pintar e dedicar sua pintura a uma celebração da natureza, da vida e das pessoas em seu estado real e "quântico", eu diria.

Vincent Van Gogh ansiava que as pessoas percebessem a beleza incomensurável e alcançassem sua conexão com a dimensão espiritual por intermédio desse supremo e sublime encontro. Foi internado e tratado como louco, sendo imobilizado numa camisa de força por um longo período. Chegou a dizer que Deus o havia enviado para cá na época errada. Van Gogh, sem dúvida, era como esses seres que só desejam ser amados, acolhidos e encorajados a abrir suas asas e voar. Cabe a nós, adultos, pais, familiares, terapeutas, ampliar nossa visão, expandir nossa consciência e abrir nossos sentidos para dedicar-lhes empatia e amor verdadeiro, incondicional. Precisamos ir além, abrindo as nossas próprias asas da imaginação e assim estabelecer uma comunicação de alma para alma com a pureza do coração. Para isso, necessitamos dedicar esse olhar amoroso, mais profundo e sensível a nós mesmos. Que comece por nós a transformação!

Voar pode ter muitos significados além do que nossos sentidos físicos podem alcançar. Muitos sinais místicos e espirituais nos chegam por meio de seres com asas, como a pomba branca do Espírito Santo, o pássaro símbolo especial para os reikianos relacionado à cura e libertação e as borboletas nutrindo a metáfora de nossas diferentes fases de amadurecimento e evolução. Os anjos, para quem neles acredita, costumam enviar sinais de que nos escutam se utilizando da aparição de um pássaro ou de uma pena deles ou de uma borboleta. Voar inspira liberdade, libertação de certas amarras do mundo denso, leveza, conexão com o mundo sutil, transcendência, abertura ao novo, soltar a imaginação, deixar a criatividade pura fluir. Do ponto de vista da metafísica da saúde, voar simboliza a nossa própria salvação, nossa capacidade de cura/autocura, de transcendência e de renascimento.

Pássaro

Pássaro pequeno
lúcido, translúcido
nada vai te desequilibrar
usa as tuas asas
brilhantes e limpas
empresta teu voo
límpido e passageiro
a quem quiser
transmutar, cambiar

*transpor, transcender
aquele horizonte
que só de dentro,
se pode ver...
Pássaro ligeiro
canta antes
do amanhecer
diz às estrelas
que é hora
de se levantar...
Acorda esse novo olhar
dissolve as treze luas
em teu canto
me envolve por inteiro
com esse teu belo manto
feito de luz e de acalanto
seja por ti
quem és
seja por mim
quem sou
verte sobre nós
a beleza dessa música
que nasce
no centro do teu peito
Pássaro pequeno
diante desse canto
tão puro,
eu me espanto
sozinha e inebriada
eu me levanto
disparo na direção
do vento,
te entrego as flores
desse novo tempo...*

Visão multidimensional

"Nada está parado, tudo se move, tudo vibra." (O Caibalion)

Estou acostumada, há muitos anos, a escutar relatos e depoimentos de pessoas sobre "coisas" que elas veem, mas que os outros não enxergam. Essas "coisas" incluem pessoas que morreram, seres de outras dimensões, orbes de diferentes formas e cores, imagens, visões, informações, naves. Muitas dessas pessoas contaram que desde criança tinham tais visões, mas pensavam que isso seria "natural" e que todos viam também. Somente aos poucos, com o passar dos anos e das experiências de vida, foram percebendo que nem todos viam o que elas viam. Muitos pais já me relataram que seus filhos, inclusive bebês, viam algo que eles não conseguiam ver.

Recentemente, uma mãe me escreveu contando que seu bebê, de 1 ano de idade, ficava parado no berço com olhos arregalados e fixos em algum ponto do espaço, o que muito a assustava. Numa dessas ocasiões, em que tal postura do bebê se intensificou, ela chegou a imaginar que ele havia morrido. Teve o impulso de tocar nele para ver se estava vivo, mas quando ia se mover, escutou uma voz que lhe disse: "Não toque nele! Seu filho está ancorando luz aqui no planeta". Ela parou e ficou impactada e impressionada com o que viu e escutou. Quis me contar porque sabia que eu acreditaria nela. Essa mãe também quis sinalizar que algo semelhante pode estar acontecendo com outros bebês. Observem que ela não viu mais ninguém no quarto do seu filho, ela apenas ouviu uma voz, mas ela viu algo em seu filho que talvez outros pais ou adultos não tivessem percebido. Afinal, o que isso significa? Estaríamos nós, humanos, ficando loucos? Será que estamos perdendo o juízo, o equilíbrio? Não se trata disso, absolutamente, muito embora existam casos de pessoas que perdem a sua sanidade mental e tal condição deve ser avaliada, identificada e tratada, claro!

O que nós estamos falando é de sentidos mais apurados e desenvolvidos. Dons e capacidades mais ativados. Sensibilidade muito elevada e sensitividade manifesta. Vivemos a transição entre dimensões. Estamos nos dirigindo à quinta dimensão. Nós não poderíamos acessar essas dimensões equipados apenas de nossos cinco sentidos mais físicos nem de uma mente com grau de consciência e de percepção limitados a 3D, da mesma forma que não conseguiremos viajar a outros planetas com aviões. Necessitamos de uma consciência bem mais expandida que permita acessar e perceber outros níveis dimensionais e de realidade.

"Os ensinamentos herméticos são que não somente tudo está em movimento e vibração constante; mas também que as diferenças entre as diversas manifestações do poder universal são devidas inteiramente à variação da escala e do modo das vibrações. Não só isso, mas também que o TODO em si mesmo manifesta uma constante vibração de um grau tão infinito de intensidade e movimento rápido que praticamente pode ser considerado como estando parado" (O Caibalion)

O trecho acima trata-se do Princípio de Vibração, que nos diz que em verdade o movimento é manifestado em absolutamente tudo no Universo, que nada está parado, que tudo se move, vibra e circula. Tal princípio nos ajuda muito a compreender como nossa percepção pode se equivocar com uma frequência impressionante e assustadora. Nada é o que parece. Estamos cada vez mais saindo do mundo das verdades absolutas, das certezas, das regras imutáveis, do ver para crer; adentramos agora com a velocidade da luz o Universo quântico das infinitas possibilidades.

"O segredo para 'ver a partir do Todo' está em desenvolver a capacidade não só de suspender nossos julgamentos, mas também de "redirecionar" nossa percepção para o processo gerador que jaz além do que vislumbramos." (Peter Senge et al., Presença)

Somos todos seres multidimensionais e interdimensionais. Muitos de nós somos seres humanos intergalácticos. As novas gerações Índigo, Cristal, Estelar e Arco-íris estão bem aqui para nos demonstrar e apontar a direção de uma nova época, pautada por uma nova humanidade.

Agora mesmo, faça o exercício de se olhar no espelho de forma mais atenta e cuidadosa do que costuma fazer. Dê tempo a você, se observe... Quem você está vendo? Agora, olhe mais além, permita-se desfocar seu olhar e perceba... O que você viu? Consegue descrever em palavras? Não? Que ótimo! Significa que você foi realmente mais além! Siga praticando! Faça esse exercício com relação à sua parceira ou seu parceiro de vida, com seus filhos, com seu estilo de vida, com sua rotina de vida, com suas atividades profissionais.

Exercite essa capacidade que você possui de se distanciar da chamada realidade física, material e mais densa. Olhe tudo como se fosse numa tela, num filme, sem se envolver. Apenas observe... Reative sua capacidade de ver e de enxergar não apenas com olhos físicos, mas com os olhos da alma, do espírito. Experimente ver por novas lentes e com filtros limpos. Liberte-se dessa influência da *matrix* do medo, que atua sorrateiramente para controlar nossas mentes e manipular nossos pensamentos, sentimentos, necessidades e comportamentos.

Você talvez nem imagine o grau de sofisticação que tem sido aplicado por alguns "institutos" renomados espalhados pelo mundo para, simplesmente, manipular a distância as mentes das massas. Muito especialmente se dirigem às mentes das crianças e dos adolescentes das novas gerações! Sim, para impedir que eles possam aplicar seus dons divinos e talentos impressionantes para ancorar muito mais luz e amor aqui no planeta. Onde você pensa que os filmes de ficção desejam chegar? Onde você pensa que eles se inspiram? Nenhum filme e nenhum desenho infantil é tão engraçadinho nem tão ingênuo quanto pode parecer. Pais, prestem muita atenção a tudo! As redes sociais são uma grande avenida aberta e cheia de perigos à espreita. Você sabia que existem formas de controle mental das crianças sendo usadas de forma muito sutil e sofisticada por meio de sinais sonoros, visuais e vibrações quase imperceptíveis nos celulares, tablets e em outras telas? As sombras atuam dia e noite, sem parar. A *matrix* do medo atua criando o terror por intermédio das mentes manipuláveis, de todas as formas possíveis, acredite.

Descole-se dela já! Caia fora da normose e diga adeus à sua cegueira psíquica. Permita-se logo, antes que seja tarde demais...

Não enxergo...

Não, eu não encontro a luz
Não vejo mais a porta
nem a saída
para essa forma
de vida,
não sei sair daqui

não tenho para onde ir
não vejo o horizonte
não enxergo além
onde estão as lentes
aquelas mais potentes
feitas de uma areia quente
material distante
aqui, inexistente
busco a linha-vida
clamo por guarida
ando tão perdida
caminho entre partidas
portas falsas, divididas
facções, frações
de uma ração
que me mantém
assim, frágil e
desnutrida...
Cosmos! Grito, eu estou aqui
Cosmosintonia, me encontre
naquele túnel de luz
na avenida, aquela mais larga
onde se estende a vida
em mananciais infinitos
onde brota a água-viva
de consciências expandidas
Cosmos, unidade inteira, ativa
estou na fronteira, livre
pronta, leve, solta
feito ave, eu canto
anunciando a hora, o tempo
de partir...
Olho outra vez para dentro
e lá, naquele espaço interno
um ponto imaculado
jamais imaginado,
nunca vislumbrado
brilha e ilumina
o tempo inexistente,
o espaço desapareceu
Dissolvo tudo o que
eu pensava ser, eu
descubro quem sou
nesse não eu
deixo de ser
apenas voo
me entrego... flutuo...

A vida e a torre do Universo

"Como atuarias e o que farias se agora mesmo tomasse consciência de que és um emissário do amor?" (James Twyman)*

Desde quando era criança, costumava ser muito reflexiva, curiosa e interrogativa sobre tudo. Passava muito tempo pensando e me perguntando sobre o que era a "vida", de onde a gente vinha, por que e para que a gente nascia. Depois ficava imaginando coisas como: se eu não estivesse aqui, onde eu estaria, para onde eu iria depois daqui, como chegaria nesse "outro lugar", seria um lugar parecido com a Terra, seria perto ou longe. À noite, antes de dormir, pensava sobre essa possibilidade de ir e vir de onde eu estava para outro "lugar" e me vinham imagens não muito claras de um imenso espaço "vazio" onde eu flutuava como um balão e procurava – acho que buscava ouvir alguém – ver algo que eu

---

* Mensagem para o mundo da rede mundial de crianças psíquicas dada por intermédio de James Twyman.

sabia, dentro de mim, que existia, mas não alcançava com minha imaginação. Quando me tornei uma criança um pouco maior, sentia um certo medo, um receio dessas viagens imaginativas e dava uma ordem de parada para a minha mente sempre tão ativa.

Hoje, olhando para trás, acredito que tinha tanta energia e tantas perguntas que não cabiam no meu corpo físico. Havia em mim um anseio permanente de entender tudo ao meu redor, as pessoas, seus comportamentos e, mais do que isso, ansiava entender o mundo, o Universo. Eu sei que buscava e escolhi a consciência. Decidi trilhar o caminho da consciência a qualquer custo. Depois de adulta, tive diversas situações em que antes de dormir começava a pensar sobre o "dentro e fora" da órbita planetária, o espaço sideral, e a viajar com um pouco mais de ousadia por ele. Tive algumas experiências de sair do corpo, não propositais, mas devido a essa forte intenção de ir me encontrar com esse espaço sideral e com quem quer que estivesse nele. Por vezes, senti uma espécie de ansiedade, então enviava o sinal de "pare" a essa minha mente tagarela e inquieta. Tal exercício de interiorização, reflexão e meditação não é estimulado em nossa cultura. Talvez por isso, quando a gente "desobedece" tais padrões estabelecidos, sentimos uma espécie de "medo do desconhecido".

Quando a gente não se encaixa no dito "sistema" e insiste em ser quem se é, por não saber ser de outro jeito mesmo, parece que o preço a pagar sempre será bem alto. Foi assim comigo, foi assim com grandes gênios da história, é assim até hoje com incríveis cientistas, artistas, geniais inovadores em todas as áreas. Meu primeiro livro, *O brilho nos olhos*, foi considerado sempre algo "não comercial" por mais de uma dezena de editoras a quem enviei, até que resolvi editar por minha conta e fiz um investimento financeiro surpreendente para mim mesma: usei o valor integral de minha indenização rescisória pelos anos de trabalho como professora na universidade e apliquei nesse projeto-livro. Realizei um sonho e uma orientação que veio lá daquele universo "interno" e de minhas viagens meditativas a ele.

Meu segundo livro, baseado em minha dissertação de mestrado e guiado por um desejo profundo de contribuir para a melhoria da qualidade de vida no trabalho de meus semelhantes, foi rejeitado pelas editoras que procurei na época, pois não se enquadrava nas linhas editoriais. Era isso o que me diziam. Até que um médico e membro da OMS leu meu livro e me disse: "Ingrid, tenha paciência, pois teu livro não é para este século, ninguém está preparado para ele".

Percebem, queridos leitores, o preço a se pagar por ser diferente e por enxergar além, por insistir em ver por intermédio de alguns véus?

"Na cultura moderna, raramente nos damos permissão para falar de relações entre o espiritual e o profissional. Isso é trágico, porque impede que cientistas brilhantes partilhem suas ideias em toda a sua extensão e obscurece o processo criativo que vivenciaram, limitando assim o trabalho criativo das futuras gerações de estudantes." (Peter Senge, Presença)

Com o passar dos anos e as experiências inúmeras, com a escuta de tantas outras pessoas com quem trabalhei e a quem dediquei meu tempo, energia e amor para entendê-las e ajudá-las, acho que fui compreendendo, mais e melhor, a questão dos véus do esquecimento, de que existe uma ordem no Universo e de que tudo, absolutamente tudo nele, é orquestrado por um Divino Maestro. A organização do Universo e de seus diferentes planos é perfeita, e "tudo está amorosamente planejado", como sempre me dizia uma querida amiga e parceira nesta jornada de vida.

Integrei dentro de mim a noção de que não há uma gota de chuva ou de orvalho que caia sem que haja o conhecimento e o consentimento de nosso Maestro Divino, nosso Criador, Deus. Entendi e aceitei que fazemos parte de um plano muito maior e mais amplo do que nossos sentidos humanos podem alcançar. Entendi que somos parte dessa imensa teia da vida e de que nossa vida tem um propósito e uma missão aqui. Aprendi sobre as leis do Universo e a Hierarquia Espiritual e que elas precisam ser respeitadas e honradas para que tudo flua pelo nosso maior e melhor bem.

Entendi que existe uma linguagem que é do Universo e que se propaga por meio de nós, de nossas almas. Essa linguagem é feita de sinais, de códigos, de mensagens subliminares, de intuições, de sensações que vêm tanto de dentro de nós como de fora. Compreendi que, na verdade, não existe dentro e fora, nem em cima ou embaixo, nem maior e menor, mas aceitei que aqui na Terra é assim. Passei a confiar mais e mais e a me entregar, aceitar e a agradecer por tudo ser assim como é. Descobri que mesmo quando parece que tudo deu errado, provavelmente estarei enganada, pois Deus escreve certo por linhas tortas, Deus não joga dados, Ele tem um plano e existe uma razão, sempre uma razão muito boa para que algo dê, aparentemente, "errado". Simples assim.

Aprendi que nada é o que parece ser. Existem infinitas possibilidades a pular e a saltitar ao nosso redor agora mesmo. Realizar os sonhos e desejos só depende de abrirmos todos os sentidos. Alie seu coração à sua mente e acredite, logo tudo se realizará. Se seu coração e sua mente estiverem integrados e forem puros de intenção, se o que você desejar e sonhar for bom de verdade para você e para seus semelhantes, você há de realizar.

Quando criança, eu não tinha toda essa clareza devido aos véus do esquecimento que recebemos ao encarnar ou descer ao corpo físico. Por essa razão, me encantei em ver como, à medida que nós humanos vamos evoluindo, vão nascendo mais e mais crianças cujos véus são mais tênues e permitem que elas nos esclareçam e revelem muitas informações de que havíamos "esquecido". Elas estão vindo nos recordar!

Flavio Cabobianco é um desses seres humanos que, em seu maravilhoso livro já citado, *Yo vengo del sol (Eu venho do sol)*, nos relata e ilustra com incríveis desenhos informações e esclarecimentos que eu buscava quando criança. Flavio nos descreve a Torre do Universo dizendo que possui diversos níveis. Nenhum nível é inferior ou superior ao outro. Não há acima ou abaixo e em cada parte está representada a totalidade. Imagine que ele nos explica que existem as almas guardiãs que estão fora da evolução e são responsáveis pelo trabalho de manter o sistema. Algumas vezes, essas almas guardiãs entram na Torre do Universo para ajudar.

De acordo com Flavio, o nível físico é muito denso, tudo está misturado e está cheio não apenas de corpos físicos, mas também de seres astrais positivos e negativos. A polaridade é extrema, existindo tempo e espaço. Sobre esse nível atuam entidades espirituais que organizam as formas de vida.

Já o nível astral é o intermediário entre o nível físico e a fonte. Trata-se de um nível sutil, por onde passam as almas para voltar à fonte. Quando morremos, passamos definitivamente a esse nível, mas enquanto estivermos vivos podemos acessar esse nível por meio de uma onda mental específica durante o sono. Nesse nível há espaço, mas não há tempo.

No plano astral positivo acontece a purificação dos desejos. Há nessa zona seres que ajudam após a morte para que as almas encontrem e atravessem a porta que conduzirá à fonte. Essa porta deve ser respeitada e não se deve chamar pelos seres astrais, pois isso obstrui o sistema.

O nível astral negativo, que muitas pessoas chamam de "inferno" (claro que não existe o inferno), é para onde vai quem ainda não sabe que está morto, aqueles que não cumpriram sua missão, por exemplo, os suicidas. Esses seres ficam apegados ao nível físico, são almas confusas. Quando saem de sua confusão e entendem seus erros, passam ao nível astral positivo e voltam à fonte. O divisor entre o nível físico e o astral negativo não é uma porta, mas uma parede. Algumas drogas, por exemplo, rompem essa parede e também machucam e rompem a aura (campo energético).

Na fonte não há tempo nem espaço, não há polaridades. A energia faz um efeito espelho e se reflete em todos os demais níveis. Todas as almas para ir a qualquer nível precisam, sempre, passar pela fonte. Flavio explica que existe ainda o nível missioneiro, que é a entrada e a saída de um sistema evolutivo, de onde saem as almas missioneiras para ajudar na evolução neste nível e em outros. É onde está o simples e o difícil, o conhecido e o desconhecido, a ajuda e os problemas, a zona das polaridades mentais. É de lá que ele vem, é um missioneiro.

Flavio tinha somente oito anos de idade quando trouxe esses esclarecimentos. Ele disse que sabia muito mais coisas, mas não conseguia explicar em palavras. Conectei-me instantaneamente com Flavio. Sentimento de profunda gratidão por sua vinda e presença entre nós!

Esta vida...

*Nenhuma dúvida
guardo em mim
de que a vida
na Terra
tinha de ser,
assim...
Longe estou de ser
algum vidente,
adivinho ou
coisa assim...
É que a vida
nessa descida
precisa ser algo sofrida
para que na subida
haja luz e expansão...
Luminosa explosão...
Caleidoscópica visão*

*quis me ver,
me encontrar
dentro dessa expansão
feita de pura vida,
água limpa,
luz líquida,
natural união
entre a experiência
vivida e a
transformação...*

números e códigos da vida

"Mas, nos dias da voz do sétimo anjo, quando ele estiver para tocar a trombeta, se cumprirá o mistério de Deus, conforme ele anunciou aos seus servos, os profetas." (Apocalipse,10:5-7)

"A distinção entre passado, presente e futuro é apenas uma ilusão, embora persistente." (Albert Einstein)

Certa noite, veio-me um "impulso" pungente e insistente para escrever antes de dormir. Aconteceu no dia 8 de junho de 2008. Fui aprendendo a ser humilde e obediente sempre que escuto a voz que vem de cima, do alto, de dentro. Peguei meu caderno, uma caneta e fechei os olhos, logo brotou uma poesia com ritmo e métrica peculiares que se esvaía por intermédio de minha mão e da caneta que eu penso que segurava, pois, na verdade, estava sendo conduzida. A velocidade com que escrevia parecia impossível para mim, do ponto de vista dos limites humanos.

Quando terminei, minha mão ardia, queimava de calor e de dor. Respirei fundo, deitei no sofá e esperei até me recompor, quietinha e de olhos fechados. Quando voltei dessa pausa, resolvi ler a poesia que veio com o nome *Sete* ou *Seth*, na verdade, os dois nomes, pelo que entendi depois. Soou tão forte, tão profunda e tão recheada de sinais que passei anos pesquisando e sentindo o que ela queria me dizer, sinalizar e inspirar. Compartilhei com algumas poucas pessoas próximas e sensíveis para ver o que elas sentiam. Pesquisei sobre a "pequena Caiena" citada e descobri que é a capital da Guiana Francesa, uma pequena cidade onde existe uma base da NASA. Li na Bíblia que Seth ou Sete foi um filho de Adão e Eva que teria chegado após a morte de Abel.

Na numerologia esotérica, vi que sete é o número que simboliza o divino, a divindade, a Totalidade, a perfeição, o aprender com a vida. Li sobre os sete anjos do apocalipse e o momento cósmico que vivemos na atualidade. Nos textos do apocalipse, vi que nós constituímos a geração que está no ápice entre a criatura e o cocriador. À medida que nos permitirmos avivar o que está dentro de nós, nosso sistema mente-corpo será elevado para que sejamos capazes de incorporar o "pequeno livro" (entregue pelo anjo) ao próprio ser. Esse "pequeno livro" desencadeia os DNAs ainda não utilizados, nem ativados em nosso código genético. Essa é a informação requerida para a nossa transformação de uma separada autoconsciência em uma consciência unificada com Deus.

Números sempre me fascinaram, desde a minha mais tenra infância. Lia e memorizava tudo o que tivesse números, fossem placas de carros, números de casas, apartamentos ou telefones, por simples prazer ou quem sabe porque a natureza de minha mente, de meu ser, assim desejasse. Nem preciso dizer que tenho uma ótima memória, especialmente memória para números. Estes são códigos, e códigos são sinais de uma linguagem universal. Tudo pode ser traduzido para números, simplesmente tudo no Universo. Isso sempre me pareceu fantástico, encantador!

Um dia, encontrei um livro que me chamou, literalmente, falou comigo, desde a prateleira da livraria. Fui até ele e agradeci pelo chamado, pois sabia que precisava lê-lo. O livro se chama *O código da Bíblia*, escrito pelo jornalista americano, não religioso, Charles Drosnin. Ele foi conduzido pelos sinais vindos de cima, do alto ou de dentro dele até o matemático israelense Eliyahu Rips quando estava em viagem de trabalho, em Israel. Esse matemático havia descoberto o código contido no Torah ou Bíblia Sagrada. O mesmo código que o físico Isaac Newton suspeitava que existisse, mas que não desvendou por falta de computadores naquela época. Rips afirma que o código da Bíblia é um programa de computador. O jornalista Drosnin, mesmo sendo cético, depois de se aproximar de Rips, estudar com ele o código e ver algumas previsões feitas por esse código acontecerem naquela época, acabou por se convencer e afirmou: "A única coisa que posso afirmar com certeza é que existe um código na Bíblia".

Tudo o que já aconteceu e tudo o que acontecerá no mundo está ali codificado em detalhes. Estou lá e toda minha vida, assim como você, leitor, e toda sua vida em detalhes, como datas e locais, codificados na Bíblia. Esse livro e meu encontro com ele, certamente, está codificado lá. Tornei-me ainda mais humilde ao lê-lo e mais reflexiva. Afinal, se tudo está assim predefinido, qual seria o meu, o nosso papel, nesta existência? Eis que o jornalista e seu parceiro, o matemático Rips, esclarecem: o código da Bíblia contém nossa história sob a forma de potenciais, de probabilidades. Podemos modificar os acontecimentos e fatos ali codificados por intermédio de nossa consciência e de nossas escolhas mais ou menos conscientes.

Compartilho essas informações com vocês porque esse livro me ajudou a ser mais humilde e dedicada a tudo o que minha intuição, minha voz interior, me traz, me sopra, sugere. Esta poesia, *Sete* (*Seth*) veio daí, dessa fonte interna exatamente assim, pura, inteira. Eu a recebi, honrei e zelei por ela. Guardei-a por 10 anos até este momento, em que fui inspirada a compartilhar com vocês. Por que e para quê? Não me pergunte, pois não sei dizer, apenas sugiro que você a receba, acolha, sinta e medite...

Seth (sete)

Sete elos
Sete chaves
Sete são as maneiras
De atar meu corpo
Ao teu
Sete são os caminhos
De juntar meu ser
Ao teu
Sete distintas
Bandeiras
Sete passos no caminho
Somos sete jovens
No espaço
Ansiamos por teu
Amor
Desejamos o teu
Calor
Somos sete
em torno
A dor
Sete anjos
Veem em flor
Num compasso
Jamais sentido
Eles dançam
Os sete passos
Curvando-se
Ao nosso amor

São sete as
Nossas letras
Sete almas
Veias abertas
Sete causas
Postas na mesa
Somos sete

Belezas calmas
Andando em
Meio ao vento
Formando ondas
Espumas, lemas
Entoando a cada
Cena
Sete rezas
Prosas, novenas
Sete luas
Cabem apenas
Nas ruas de
Nossa pequena
Caiena
Cidade nua
Sete cantos
Sete ventos
Sete santos
Sete mantos
Sete prantos

Seguem juntos
Somos sete
em pleno voo
somos anjos
de um encanto
nos conduzem
suas súplicas
seus pedidos
nosso guia
estendemos
sete sonhos
e a noite
te sonhamos
sobre a vida
que imaginas
te mostramos
acalantos

Sete penas
sete brumas
sete espumas
sete gotas
de uma chuva
de alegria
pura rima
vão entrando
e se espraiando
no teu céu
vão desenhando
barquinhos de papel
luas de mel
estrelas
que brilham

contornam
teu ser
feito um anel

Sete saberes
setes seres
sete bocas
sete olhos
somos sete
ao todo
sete, que
te amam
e proclamam
que do sete
tu vieste
e ao sete
vais voltar
sete noites
sete dias
sete bênçãos
de Maria
sete vezes
te ungimos
voa alto
hoje é teu dia
Sete... (Seth?)

emergência espiritual e a geração índigo-cristal: loucura ou sanidade?

"Somente na medida em que o ser humano se expõe repetidas vezes à aniquilação pode aquilo que é indestrutível surgir dentro dele. Aí reside a dignidade de ousar... Somente se nos aventurarmos repetidamente por zonas de aniquilação pode o nosso contato com o Ser Divino, que está além da aniquilação, tornar-se firme e estável. Quanto mais o ser humano aprende profundamente a enfrentar o mundo que o ameaça com o isolamento, tanto mais as profundezas do Fundamento do Ser são reveladas e tanto mais se abrem as possibilidades de uma nova vida e do Vir a Ser." (Karlfried Graf von Dürkheim)

Há muitos anos, li um livro chamado *Emergência espiritual*, de Stanislav Groff e Christina Groff, e tomei conhecimento de algo que foi libertador para minha mente e para minha alma. Entendi em profundidade as minhas próprias experiências desde adolescente até a idade adulta e pude compreender e acolher, dentro de mim, todas as diversas crises pelas quais passei aqui na Terra – as chamadas crises existenciais que, muitas vezes, tornam-se tão sérias e graves que nos tornam alvo de desconfiança, de marginalização e de estigmatização, sendo rotulados de "loucos".

Atualmente, existe a expressão popular "fora da casinha" usada para se referir a quem está vivenciando tal crise e, aparentemente, se afastou da "realidade" ou se desequilibrou durante a caminhada. A tremenda dificuldade contida em ser protagonista de uma dessas crises é sempre agravada, mesmo sem querer, pelos familiares, preocupados e assustados, carecendo de um olhar mais profundo, humano e espiritual. Da mesma forma, o atendimento feito por terapeutas e profissionais de saúde sem a vivência dessa dimensão espiritual apenas aumenta a dor e o sofrimento de seu cliente, o protagonista da crise.

A tendência do ser humano, inclusive dos profissionais de saúde, é de sempre tentar enquadrar, rotular, encontrar siglas e códigos para etiquetar as pessoas "diferentes" e assim sentirem-se menos inquietos, mais tranquilos de que estão pisando em solo seguro, conhecido e, portanto, estão fazendo bem seu trabalho. O problema é que, ao agir assim, mesmo que bem-intencionados, os terapeutas e profissionais de saúde acabam por sacramentar um estigma perigoso que tem potencial para determinar toda a história e a trajetória de vida de uma criança, de um jovem, de um ser humano. Ao fornecer diagnósticos equivocados, visto que são baseados no que conhecem, mas deixam de lado tudo o que desconhecem em relação ao seu cliente, sua posição de poder acarreta um peso e uma pressão capazes de sufocar e até mesmo de calar a voz que vem da alma desse ser humano. Além do diagnóstico equivocado ocorre toda uma linha de tratamento que inclui, geralmente, medicações que visam justamente silenciar a alma, o espírito. Estou aqui me referindo às vivências pessoais e a toda a minha experiência de mais de 30 anos como terapeuta e profissional, tanto em empresas como em universidades e na clínica. São inúmeros os casos que se enquadram em diagnósticos equivocados e que ocorrem, principalmente, devido à pressa, precipitação e falta de uma visão holística que inclui a dimensão espiritual do ser humano, sua história, suas referências familiares e até de antepassados.

Aqui, desejo colocar foco nas chamadas crises existenciais que, na verdade, têm um cunho espiritual e que são a expressão "desesperada" do espírito que necessita se expressar e ser ouvido, primeiro pelo próprio sujeito e, depois, por seus pares, sejam esses familiares, terapeutas, colegas de trabalho ou mesmo amigos. Faço isso porque venho observando nas centenas de mensagens e depoimentos que recebo de Índigos e Cristais, jovens e adultos, que suas crises existenciais ocasionadas, principalmente, por serem e se perceberem diferentes e não conseguirem se encaixar nos padrões familiares e sociais, possuem todas as características descritas em estudos e pesquisas sobre as chamadas crises de "emergência espiritual".

Tais experiências têm sido relatadas ao longo das histórias de vidas de santos, iogues, xamãs e místicos, no entanto, pergunta-se: por que as pessoas que passam por essas experiências, no mundo de hoje, são taxadas de loucos, de insanos? Por que tantos adultos e jovens das novas gerações Índigo e Cristal, que possuem como características naturais uma acentuada expansão de consciência, elevadas sensibilidade e sensitividade, alta capacidade intuitiva, multissensorialidade e facilidade de comunicação com outras dimensões, têm sido diagnosticados como seres patológicos, insanos, "fora da casinha", mentalmente desequilibrados? Sabem por quê? Justamente por estarem trazendo o novo, o desconhecido, por sustentarem novas e mais altas vibrações, por enxergarem bem além da *matrix* do medo e por insistirem em ser quem são! Acabam sendo rotulados, medicados e muitas vezes internados até que realmente se percam de si.

Precisamos com urgência adotar novos parâmetros e referenciais em saúde mental. Temos de rever alguns diagnósticos à luz das novas gerações. Estudos e pesquisas sérios e dedicados nessa direção são cada vez mais necessários. Sei que temos muitos jovens estudantes de psicologia, de medicina, de pedagogia, por exemplo, realizando estudos e levando projetos de pesquisa nesse sentido para as universidades. Pode demorar, mas estamos caminhando. Vejo muita luz à nossa frente.

Em relação às crises de emergência espiritual enfrentadas pelos adultos e jovens Índigo e Cristal, sugiro que não apenas profissionais de saúde, terapeutas e professores tratem de estudar e se debruçar de verdade para compreender, e sim que também pais, familiares, professores de escolas e de universidades e gestores de empresas procurem ler, estudar e se humanizar. Busquem expandir suas consciências e desenvolver um olhar muito mais amplo e profundo sobre a natureza do ser humano e, especialmente, sua dimensão espiritual. Procurem se preparar para ajudar aqueles jovens e adultos que podem estar próximos e necessitando desse olhar e de um acolhimento com uma abordagem mais paciente, humana e espiritualizada. Lembremo-nos todos de que o nosso corpo é o instrumento de nossa alma, de nosso espírito, e ele fala, se comunica, seja por intermédio de gestos, olhares, posturas, deformações, dores, bloqueios visíveis ou invisíveis, basta que nos dediquemos um pouco mais a apurar nosso interesse, nosso olhar, nossa compaixão pelo próximo.

Algumas características dessas crises de emergência espiritual podem nos ajudar a identificar se nós ou se alguém que conhecemos está passando por uma crise assim: sentimentos de unidade com o Universo; visões e imagens de épocas e locais distantes; sensações de vibrantes correntes de energia percorrendo o corpo acompanhadas de espasmos e de violentos tremores; visões de divindades, semideuses e demônios; vívidos vislumbres de luzes brilhantes e das cores do arco-íris; tremores de insanidade, e até de morte iminente. Tais fenômenos físicos e mentais podem facilmente levar a um diagnóstico de psicose, especialmente em nosso mundo ocidental, por isso fica aqui o nosso alerta e a sugestão de que a gente se dedique, especialmente nesta época tão avassaladora e crítica, a buscar manter o nosso próprio equilíbrio com compreensão, compaixão e amorosidade. Que assim estejamos em condições de dirigir ao nosso próximo esse mesmo olhar sensível, humanizado e afetuoso capaz de, em apenas uma conversa, um gesto de acolhimento e de aceitação, promover muitas curas e autocuras. Eis o caminho para sermos agentes de autotransformação e de transformação neste mundo que se encaminha rapidamente para a quinta dimensão, rumo à Idade da Luz!

a trajetória de um índigo e a transição planetária

São tantos os adultos Índigo que me escrevem, diariamente, contando o quão libertador foi ler o livro *Adultos Índigo* e se descobrir um ser de vibração índigo. Eles falam de suas histórias de vida e de suas inúmeras experiências, invariavelmente, pautadas por dor e sofrimento de quem não consegue se encaixar na família, numa profissão ou carreira, nos padrões ditos sociais, nem encontram pessoas afins com quem se relacionar. Recebo cada mensagem com muito amor e gratidão e sinto profunda empatia por todos. Quando escrevi esse livro direcionado aos adultos da geração Índigo, o fiz respondendo a dezenas de pedidos daqueles que leram o livro *Crianças Índigo* e se identificaram antes mesmo de conseguirem relacionar seus filhos com o conteúdo. Na época, os pedidos incluíam uma pergunta básica: como ter certeza de que eu também sou um Índigo já que agora sou adulto?

O livro foi escrito há 10 anos, mas uma pergunta permanece: sou adulto Índigo, e agora, o que faço para viver assim como sou? Outras perguntas foram surgindo: onde encontrar ajuda para conseguir ser quem eu sou e ser feliz? Onde e como encontrar pessoas com quem possa conversar de verdade sobre os temas que me interessam? Como saber que rumo tomar em minha vida profissional, visto que tantas coisas diferentes me interessam? Por que, mesmo estando entre muitas pessoas, inclusive aquelas por quem tenho carinho, me sinto uma estranha no ninho? Por que todas as atividades rotineiras e do cotidiano, como fazer compras, estar no trânsito, parar numa fila, ir ao banco, são tão cansativas para mim? Por que não consigo me encaixar e seguir uma vida "normal" como outras pessoas? Por que sinto saudades de um lugar que não encontro aqui? Por que me sinto sempre tão solitária e, embora não seja depressiva, me sinto triste e cansada de estar aqui? Seria a nossa missão terrena tão solitária e pesada assim?

Respondo que muitos seres como nós sentem e convivem com essa falta e creio que não iremos nos encaixar nunca, pois não viemos para isso! Viemos para lidar com os desafios de sermos diferentes e de arcar com as consequências, uma vez que viemos aqui para promover a expansão de consciência, o olhar renovado e diferente em relação a tudo! Viemos ensinar novas habilidades, despertar novos dons e formas de ser, de agir, de liderar e de conviver! Realmente não é nada fácil, pelo menos nós estamos nos encontrando, gradualmente, e fazendo contato com outros Índigos para assim nos sentirmos acompanhados e fortalecermos essa nova rede de consciência expandida aqui na Terra. Esse é um trabalho e propósito nosso que permite e permitirá, cada vez mais, que novos grupos evolutivos de crianças desçam à Terra e venham dar sequência à ativação de uma Nova Terra e da chamada Idade da Luz ou Era de Ouro do planeta! A esse período que estamos vivenciando e ajudando a cocriar chamamos de transição planetária!

Saiba que só de estarmos sustentando nossa vida aqui na Terra e mantendo nosso equilíbrio e conexão com a fonte, com a luz, já estamos fazendo algo de extrema importância, que é ancorar a frequência Índigo neste planeta! Sim, nós escolhemos e aceitamos o imenso desafio de nascer neste planeta, neste país e nesta época como seres de vibração Índigo! Se aceitamos é porque podemos, somos capazes e sabemos que nossa alma e nosso espírito necessitam dessas experiências para evoluir.

Lembre-se sempre de que nós não viemos para nos encaixar em nenhuma profissão, em nenhum padrão ou molde, viemos para questionar, para perguntar sempre "por que não?" Viemos para "incomodar", no sentido de oferecer novas e diferentes visões sobre um tema ou quanto a fazer algo de um modo melhor, demonstrar novas formas de pensar, de ser, de agir, de se relacionar. Viemos romper barreiras, paradigmas e propor novos caminhos sempre em alinhamento com os valores éticos fundamentais e guiados pelas Leis Superiores Espirituais!

Ninguém nos disse que seria fácil, mas também não seríamos enviados se fosse algo impossível. Na verdade, o impossível é apenas aquilo de que desistimos de acreditar e de buscar... E nós somos buscadores por natureza! Apenas temos de tentar entender e aceitar que somos assim, pois viemos para abrir caminho para o "novo" e criar condições vibracionais e físicas para que as novas gerações possam seguir descendo à Terra para realizarem as transformações mais profundas de que necessitamos como humanidade!

O que pode nos ajudar a estar aqui com menos sofrimento? Eu diria que, em primeiro lugar, precisamos aceitar e honrar quem somos, o que exigirá fortalecer a nossa autoestima, o nosso amor próprio. Além disso, é fundamental aprender a "aterrar" ou ancorar-se na Terra, o que significa fortalecer sua conexão com o plano da Terra, da matéria, mas sem perder sua conexão com o Cosmos, com o plano sutil e espiritual. Você vai precisar buscar, permanentemente, o equilíbrio entre ser humano e espiritual, visto que um aspecto não é mais importante do que o outro. A seguir, torna-se essencial se autoconhecer e descobrir seus dons e talentos especiais e únicos e tratar de desenvolvê-los, para então direcionar esses dons para o bem maior de seus semelhantes. Assim, você estará, sem dúvida, realizando seu propósito de vida, seu darma.

Caso não consiga sozinho, busque a ajuda de um bom terapeuta sintonizado com a nova consciência, com a espiritualidade e, de preferência, com as novas e mais avançadas técnicas e ferramentas espirituais disponíveis. O mais importante: lembre-se de que você é um farol luminoso, e seu propósito maior é brilhar sua luz, o mais forte que puder, dia e noite! Você pode nem suspeitar, mas em muitos ambientes, bairros, empresas, escolas, famílias, você talvez seja o único farol em centenas de quilômetros de amplitude. Assim, imagine quantas pessoas você beneficiará e ajudará a despertar apenas se mantendo quietinho e brilhando sua luz.

Sinta, pense, reflita e agradeça por ser quem você é! Vibrando assim, você entrará no fluxo divino e, certamente, vai atrair seres semelhantes e afins. No entanto, você deve saber que tudo acontece no tempo do Universo, no tempo de Deus, e não no seu, no meu tempo.

Um abraço afetuoso, desejando uma feliz, iluminada e abençoada jornada terrena rumo à Idade da Luz!

COMO SURGIU A AFIRMAÇÃO "AQUI NA TERRA É ASSIM..."

Quando retomei os atendimentos em consultório, puxada justamente pelos leitores de meus livros sobre as gerações Índigo e Cristal, não imaginava ainda como seria ouvir, acolher e poder ajudar todas essas pessoas. O desconhecido que acompanhava esta minha caminhada me trazia um frio na barriga e muitas perguntas.

Como Índigo em transição para Cristal, nessa época, eu achava que não estava preparada, que não seria capaz de prestar serviços a esse grupo evolutivo humano na medida de suas necessidades, pois sentia que precisava de ajuda para me entender mais e melhor. Minha natureza Índigo dizia que eu precisava estudar mais, fazer mais cursos, ler muito mais, ter mais experiências. Apesar de eu acumular, ao longo de tantos anos, muitos cursos, inclusive de pós-graduação, e muitas experiências de trabalhar com pessoas, tanto em clínica quanto no universo empresarial, me sentia despreparada, pode?! Sim, pode, afinal nós Índigos somos bem assim! Curiosidade insaciável, espírito explorador, desejo profundo de ajudar a mudar este mundo e a consciência, mais ou menos clara, de que viemos com um propósito para esta vida.

Uma força poderosa e muito intensa, que vem de dentro, nos conduz no sentido de ajudar os outros, pois temos certeza, mesmo sem saber como, de que só assim estaremos realizando esse propósito. Meu ser foi sendo guiado, inspirado cada vez mais, pela voz de meus guias espirituais, por Deus e Sua imensa luz. A cada criança trazida por seus pais para atendimento, eu sentia uma emoção e uma vibração indescritíveis em palavras. Algo me conduzia quanto ao que dizer, perguntar, propor, como olhar, escutar e em que direção deveria seguir. Fui percebendo que tudo o que eu havia escrito até então realmente se confirmava na prática e que as crianças se comunicavam comigo pela mente. Nossa prática terapêutica era teleconduzida e fluía bem, cada vez melhor.

Já com os adultos que iam se identificando como Índigos e haviam lido sobre crianças Índigo e depois sobre adultos Índigo e me procuravam, ocorriam variadas experiências, sempre marcadas por fortes e profundas emoções. Desde adultos que se derramavam em lágrimas e sentiam revolta e raiva por terem sofrido tanto, ao longo de sua jornada terrena, e que se perguntavam por que só se descobriram agora, até adultos que se diziam tão perfeitamente descritos em meu livro *Adultos Índigo* que não precisavam me falar nada, apenas queriam me conhecer e agradecer, muito, muito por ter lhes mostrado quem são e por que, para que são assim, diferentes. Um grande número desses adultos relatou que a experiência da leitura desse livro foi tão libertadora que se sentiram nascendo de novo.

Durante muitos anos de atendimento e de acolhimento a essas novas gerações, fui desenvolvendo uma espécie de linguagem própria e abrindo caminhos, onde antes não havia nenhum. Fui testando possibilidades e estratégias de ajuda e de orientação para aliviar a ansiedade, a dor e encorajar a livre expressão do ser.

Certo dia, ao atender um menino de uns 6 anos de idade que me relatou ter vindo direto do sol, um ser de vibração cristal, ocorreu algo especial. Ele resistia, como de costume, a aceitar meu aviso de que estava na hora de guardar os brinquedos, pois faltavam alguns minutos para terminar nossa consulta, então olhei para ele e disse: "Gabriel, aqui na Terra é assim, temos que seguir algumas regras, entre elas contar as horas e cuidar de seguir os horários". Ele me olhou nos olhos e disse num rompante de impaciência e revolta: "Aqui na Terra é muito chato!" Depois de desabafar e conversarmos, o ajudei e guardamos tudo para nos despedir.

Fiquei refletindo e meditando sobre aquela afirmação que me foi inspirada e senti que ela fazia muito sentido. Dei-me conta de que Gabriel havia recebido aquela afirmação como uma espécie de código ou chave para alguma "dúvida" que ele estivesse vivenciando dentro dele, sem nem mesmo desconfiar. Percebi que algumas palavras, perguntas e afirmações constituíam, realmente, uma espécie de linguagem codificada que facilitava a nossa comunicação e o acesso a algumas instâncias mais profundas de cada ser Índigo, Cristal ou mesmo de tantos seres "diferentes" da massa humana. Passei a usar com naturalidade a expressão "aqui na Terra é assim", de modo que se tornou uma espécie de mantra para mim e para muitas pessoas que atendi. Um mantra com poder de acalmar, de confirmar, de legitimar certas emoções, sentimentos, dores existenciais, condutas e percepções.

Depois de praticamente duas décadas nessa caminhada, desde a tomada de consciência de que eu era um ser Índigo, senti que valia a pena escrever à luz dessa afirmação, compartilhando algumas interessantes situações e experiências onde ela cabe tão bem e cria uma conexão invisível entre terapeuta e cliente, pais e filhos, escritora e leitores, amigos, parceiros de vida e de jornada espiritual. "Aqui na terra é assim" é um código que trata de nos lembrar que estamos aqui como seres cuja essência é espiritual passando por uma experiência humana. Somos viajantes interestelares, seres galácticos de natureza interdimensional. Viemos de planos diferentes e mais sutis, de outras dimensões, planetas e estrelas regidos por outras leis e regras, por isso é natural, até certo ponto, que sintamos dificuldade de adaptação nesta dimensão física e a tudo que faz parte dela. Viver na Terra implica ir tomando consciência, gradualmente, desde a infância, da dualidade de como é viver no plano material e de conviver com vibrações mais densas. Viver na dualidade significa caminhar entre polaridades sem ter que, necessariamente, se identificar e apegar a uma delas.

Minha intenção genuína e meu objetivo com meus livros e escritos, com meus gestos e ações, são contribuir para que você, leitor, sinta-se um pouco mais à vontade, mais em casa, aqui na Terra. Afinal, este é o nosso lar de passagem no agora infinito...

Clariaudiência - Os dons mais ativados nas crianças índigo, cristal, estelar, sendo ativados nos adultos também

Nesses anos todos em que tenho estudado, observado e atendido pais desejando entender seus filhos que nascem tão diferentes, nessas novas gerações de grupos evolutivos chamados Índigos, Cristais, Estelares, Arco-íris, um dos relatos mais frequentes foi o seguinte: "meu filho/minha filha já desde bebê ficava olhando para uma direção e parecia ouvir alguém ou algo falando com ele, pois reagia como tal". Na verdade, escutei esses relatos de pais que ao longo do desenvolvimento dos filhos observaram que essas "experiências" persistiram ou persistem durante a infância.

"Minha filha de 5 anos não senta na mesa para as refeições se não houver um lugar arrumado para seu amigo sentar ao seu lado e almoçar" ou "Meu filho conversa naturalmente com um menino que diz ser seu irmão gêmeo que não chegou a nascer e conta detalhes dessa conversa e do que aconteceu durante a gestação e o parto" são exemplos desses relatos. Lembro-me ainda do caso de um menino de 5 anos com quem conversei e que estava com fobia (medo acentuado) de voltar para sua casa após um tornado tê-la atingido de forma destruidora. Ele revelou a mim e a sua mãe, na consulta, que escutava o avô e a avó já falecidos (que ele nem tinha conhecido) e chegou a desenhar eles no quadro e a dizer o nome deles, dar a descrição e o que lhe diziam.

Temos o caso da hoje pintora e poetisa americana Akiane que relata em filme que desde seus 3 anos de idade ouvia um chamado e recebia a inspiração para suas pinturas. Ela relata que aos 10 anos de idade começou a ouvir uma espécie de voz, muito suave, que a inspirava a escrever poesias.

Atendemos também um menino de 4 anos que sofria muito para dormir em seu quarto, e quando investiguei em detalhes descobri que ele ouvia sons e vozes assustadoras e via seres que nem conseguia descrever, mas que eram assustadores e apareciam em seu quarto sempre à noite. Certa vez, durante a noite, a mãe encontrou esse menino ajoelhado aos pés da cama, desmaiado, e teve de levar ao pronto atendimento sem entender o que tinha acontecido. Na verdade, identifiquei o fato como sendo um "ataque espiritual", algo que pode acontecer com essas crianças tão sensíveis e cheias de luz na medida em que elas não são ouvidas nem entendidas, portanto não são ajudadas a equilibrar e a proteger seu campo energético, seu quarto e sua casa.

Esses exemplos servem para nos indicar que dons ativados como a clariaudiência podem ser experiências positivas, construtivas e criativas, mas sem conhecimento, entendimento e preparo pode acarretar prejuízos à criança ou mesmo ao adulto.

A clariaudiência é mais uma das formas de percepção expandida. Consiste na capacidade de ouvir sons e comunicações de outras dimensões, desde a quarta e quinta dimensões até mais além, dependendo da maturidade espiritual e do preparo do ser canalizador. Sim, a criança ou o adulto que possui esse dom ativado se chama canalizador ou canal. A clariaudiência se refere à comunicação com seres de dimensões superiores que não são visíveis no plano físico, a não ser que a pessoa possua o dom da clarividência.

Existem dois tipos de canalização: a inconsciente e a consciente. Na canalização inconsciente, o canal (o médium em transe) cede seu corpo, sua forma física, e permite que o mensageiro use seu corpo como elo com a terceira dimensão e instrumento de comunicação – nesse caso, o canal não ouve a mensagem a qual precisa ser gravada. Na canalização consciente, a pessoa está consciente de seu corpo físico, encontrando-se desperta, embora em um estado de consciência expandida multidimensional – nesse tipo de canalização, o canal precisa registrar em seguida a mensagem recebida, do contrário não se lembrará mais dela pouco tempo depois.

Um dos cuidados em relação a esse dom é que ele precisa ser aceito e assumido pela pessoa, assim como ser desenvolvido com orientação adequada, para que aprenda a reconhecer os "mensageiros" que pode aceitar que se manifestem por intermédio de seu canal e aqueles que não quer e não deve aceitar por serem de baixa vibração e não terem nada de construtivo e amoroso, edificante para transmitir, pelo contrário, querem atrapalhar e confundir ou até mesmo assustar, prejudicar. Após aprender a reconhecer os "mensageiros", é necessário aprender a lidar com eles e a definir limites para a comunicação, visto que a lei do livre-arbítrio deve sempre prevalecer. É importante saber que devemos nos interessar em receber somente mensagens que vibrem na frequência do amor incondicional do seu portador ou "mensageiro".

As mensagens recebidas, tanto pela criança quanto pelo adulto, precisarão ser "traduzidas" para uma linguagem da terceira dimensão, para que assim possam ser úteis à nossa vida diária e, se for o caso, compartilhá-las com outras pessoas.

A canalização, que é uma forma de clariaudiência, merece muita atenção e cuidado, pois, por ser um dom, precisa ser compreendida, honrada, desenvolvida e estudada. Cabe alertar que a canalização do tipo inconsciente é mais delicada porque traz o perigo de deixarmos nosso corpo físico, o que nos enfraquece muito em termos de energia vital e de imunidade, portanto só deve ser praticada com a devida orientação e com parcimônia e muito cuidado.

Afora essas ressalvas, trata-se de um dom maravilhoso apresentado, cada vez mais, pelas crianças das gerações Índigo, Cristal, Estelar e Arco-íris e por muitos adultos que convivem com elas. Essa capacidade de comunicação multidimensional e interdimensional estará ativada em todos os humanos nos próximos anos como parte de nosso processo evolutivo e de nossa ascensão. Estamos nos dirigindo ao próximo estágio de nossa evolução espiritual.

Aproveite essa oportunidade e dedique-se a desenvolver seus próprios dons e a ouvir sua voz interior. Só assim você estará se preparando e se capacitando para os próximos passos rumo à consciência cósmica ou iluminação.

a verdade que libertará

Honrar a verdade e defendê-la, sendo seu exemplo vivo, em tudo o que faz são as máximas das novas gerações. Reconhecer um ser Índigo ou Cristal é fácil devido a uma de suas características mais marcantes: a indignação profunda com a injustiça e a falsidade. Eis um duro golpe em sua alma sensível, generosa, compassiva e imbuída sempre da solidariedade e de relações fraternas que enxergam no outro, no seu semelhante, um irmão. Suas mentes altamente telepáticas e quânticas fazem a leitura instantânea das outras mentes e alcançam rapidamente a verdade dos fatos e acontecimentos ao seu redor. As vibrações Índigo e Cristal caracterizam seres com tanta sensibilidade, com intuição tão potencializada e com sua antena parabólica, que é a glândula pineal, tão ativada que nada lhes passa desapercebido. São verdadeiros sensores da realidade e da verdade, podendo ser equiparados ao *scanner*, equipamento que mapeia e copia qualquer imagem de forma fidedigna. Inclusive alguns desses seres Índigo e Cristal possuem o dom de ver o corpo por dentro, com seus órgãos e funcionamento em detalhes. Eles são dotados de capacidades que alcançam não apenas a verdade física e material como também a verdade das mentes e das almas com seus pensamentos e suas intenções mais profundas.

Como viver e sobreviver, sendo assim tão adicto da verdade, num mundo onde ela, a verdade, não é bem-vinda? Será possível controlar nossos sensores da verdade para não captar certas verdades, ou melhor dizendo, para deixar de perceber, identificar certa dose de mentiras, de falsidade, de calúnias? Mesmo que fosse possível, seria aconselhável fazer de conta que não viu, que não escutou, que não percebeu as fraudes, a corrupção e a injustiça? Parece impossível e improvável que se consiga violentar tanto assim a nossa natureza. Seria como essas cirurgias plásticas malfeitas que deixam as pessoas com um nariz que, de longe, se sabe que não é originalmente seu nariz. Na melhor das hipóteses, mesmo tendo sido bem-feita a cirurgia, ainda assim se consegue perceber que não se trata da "versão original".

Como diz o I Ching, nenhuma culpa por isso, nenhum julgamento de nossa parte, no entanto, a menos que a pessoa tenha realmente um grave defeito ou tenha sofrido um acidente que a tenha desfigurado, necessitando assim de uma reparação ou reconstrução, a plástica não deixa de ser um aspecto que não corresponde à verdade integral daquele ser. Algo foi rompido ou corrompido do ponto de vista de sua natureza e forma original, talvez para apagar, disfarçar ou mesmo suprimir algum aspecto da sua dimensão interior com o qual não foi possível lidar, ou algum complexo relacionado a um medo de não ser aceito, amado, acolhido. Tudo começa no seio da família...

Existem pais e famílias que baseiam suas relações com as chamadas meias-verdades do tipo que todos sabem, lá no fundo, que não são, que não funcionam na prática, visto que não existe a possibilidade de uma pessoa ser mais ou menos honesta, como não é possível ser mais ou menos verdadeiro! Ou se é honesto por inteiro ou não! Ou somos inteiramente verdadeiros ou não somos! Essas meias-verdades foram estabelecidas por um "acordo tácito", aquele tipo de acordo em que não se fala, mas se deixa implícito e todos aceitam, como se fosse a única forma aceitável de conviver, até de sobreviver, naquela relação, naquela família, naquele ambiente. Quantos casais, quantas famílias vivem assim e criam seus filhos dessa forma? Incontáveis...

Quantos depoimentos tenho recebido nesses anos todos de adultos, jovens e também de crianças que retratam essa dura realidade, em que se tem que conviver com a falsidade, com o cinismo, com a mentira, contrariando a própria natureza e a essência que clama pela verdade, custe o que custar. Dizer que a mãe passou com o sinal fechado e que isso está errado, mesmo sendo uma verdade, leva diversas crianças a serem fortemente repreendidas e humilhadas, por exemplo. Centenas delas são constrangidas por dizerem uma simples verdade na frente dos adultos. Já ouvi mães me contarem que seu filho era tão sincero e verdadeiro diante dos adultos que alguns deles lhe pediam para "não levar seu filho" em determinados encontros e eventos. Quantas crianças que foram rotuladas de "loucas" por verem seres de outras dimensões, como duendes, anjos, mestres e guias, e mencionarem isso aos pais. Foram tratadas e medicadas com medicamentos antipsicóticos, e algumas foram internadas com o intuito de calar a voz dessa alma, a voz de sua essência.

Não querer escutar a voz da verdade, aliás, é um mal que acomete a humanidade há muitos séculos, mas parece que chegamos ao ápice dessa doença social. Trata-se de uma insanidade absoluta caracterizada por uma atitude mental de negação da realidade, em que se lança mão de todos os métodos, inclusive os violentos e ilícitos, para impedir e sufocar a manifestação genuína da verdade. Vivemos a era da cegueira psíquica ao mesmo tempo em que um novo paradigma começa a se impor e se instalar à revelia de tal insanidade coletiva. Trata-se do paradigma da quinta dimensão, aquela dimensão onde a transparência e a verdade reinam absolutas como condição indiscutível para o nosso acesso à chamada Idade da Luz. Já estava escrito nas sagradas escrituras: "haverá um tempo em que nenhuma verdade ficará sob a mesa". Eis que encontrará a verdade, e a verdade o libertará...

Amar a verdade

ver a verdade
e seguir amando
Faz-nos mais
fortes, elevados,
conectados
à Fonte
à doçura da
Flor
Amar a verdade
nos faz ver
sem piedade,
sem culpa
nem dor
a cor da
realidade...
sentir e sorrir
diante da Flor
saudade é teu
nome,
Eu sou criador
da pura Verdade
nascida do Amor
sou água vertida
sou corda rompida
sou linha e som
sou luz e cor
por mim passa

a vida
sonora melodia
nascida no Amor...
Amar a Verdade
me encheu de
esperança
me fez ver a
vida por filtros
tão finos,
tear cristalino
teus fios
são meus filhos
gemendo, chorando
de sono, de dor
reclamam da fome
uma fome
de Amor.

Códigos

Os códigos são sinais, símbolos, padrões que identificam e conectam seres humanos entre si, seres humanos com seres de outras dimensões, seres humanos com animais. Códigos são um conjunto de sinais ou símbolos escritos, sonoros ou vibracionais que compõem uma linguagem e facilitam a comunicação para quem conhece tais códigos e linguagem, ou dificultam e até impedem a comunicação para quem os desconhece. Os códigos estão em tudo, em todos, em toda a parte. Possuímos um código genético que influencia e determina, até certo ponto, quem somos a nível físico, mental, emocional, espiritual.

A Bíblia, livro sagrado dos cristãos, é um código com informações preciosas sobre tudo e todos ao longo da nossa história na Terra. Esse código da Bíblia só pode ser desvendado com a ajuda dos modernos computadores. Embora o físico Newton tivesse forte desconfiança da existência desse código no livro sagrado, ele não pôde decifrar tal código nem confirmar suas suspeitas pela falta de equipamentos adequados em sua época. Tal feito só foi possível depois que um matemático russo judeu o desvendou com a ajuda de potentes e modernos programas de computação e os organizou com a ajuda de um jornalista americano. Esse jornalista, Charles Drosnin, posteriormente, escreveu dois livros chamados, respectivamente, de *O código da Bíblia I* e *O código da Bíblia II*.

Códigos existem para nos desafiar a decifrá-los e assim expandir nossa consciência, evoluir. Dessa forma, lhes digo que as novas gerações que chegam agora na Terra representam uma biblioteca viva composta de milhares de códigos e de mensagens para nós. Estamos sendo convidados e desafiados a decifrar esses códigos e, para isso, precisaremos estudar, observar e nos capacitarmos constantemente, até alcançarmos, de forma análoga, o nível dos modernos programas de computadores que permitiram decifrar o código da Bíblia.

Essas crianças falam idiomas para nós desconhecidos, pelo menos em grande parte. Trazem códigos diferentes, novos, por vezes estranhos como, por exemplo, as crianças Cristal, confundidas com autismo exatamente porque seus movimentos, gestos e forma de se comunicar parecem estranhos demais. Em razão disso, os códigos são facilmente rotulados e diagnosticados como patologias. É lastimável que, por tantos anos, estejamos relutantes em nos dedicar a descobrir que códigos elas usam, que linguagem elas falam, quais mensagens e ensinamentos nos oferecem.

Códigos...

São códigos, ativações
das mudanças
e transformações
feito dança
nas mãos

das nossas crianças.
Vejo luzes,
sinto presenças...
doces esperanças,
são olhos,
desejos e ensejos
da antevisão
no espelho
da emoção
guiada pela razão
desvelando sentimentos
sublimes, elevados
da integração
a união plena
dos extremos
alta vista da paixão
vejo as garras
da ilusão
soltando-se
caindo pelo chão
rolando, implorando
por um gole a mais
de sedução.
Mas o tempo das amarras
já passou, voou
abriu suas asas
nos deixou
a todos que têm
ganas de expansão
da mente aliada
ao coração.
Pra você, eu canto
essa canção
feita apenas e somente

de um refrão.
Sou toda emoção
e coração, guiada
pelas asas da razão.
Explode em mil cores
esse sol
que jaz plantado
em minha oração.
Águas turvas, antes...
agora cristalinas
navego em suas
ondas e ondinas
me entrego
ao sabor das novas linhas
são cordas
de uma oitava dimensão
pautadas para
um nobre violão
sonora sinfonia
da expansão...
Sou toda emoção
e coração, guiada
pelas asas da razão...

Sinais e Sintomas da ascensão

Navegamos e transitamos entre dimensões diferentes. Vivemos uma época única, rara e especial em que dimensões e realidades paralelas se cruzam com rapidez e intensidade. Cada um de nós, de acordo com seu nível de consciência e com seu grau de evolução, de espiritualidade, consegue captar, acessar algumas dessas dimensões e realidades. "Coisas estranhas estão acontecendo", dizem algumas pessoas. "Não estou entendendo, mas só sei que estou diferente, não me reconheço"; "será que estou ficando maluco/maluca?"

Acontece que nossos corpos e nossas mentes têm passado por muitos ajustes, especialmente desde 2012. São ajustes em nosso campo eletromagnético, em nossas células e nossos átomos do corpo físico e de nossos corpos mais sutis. Nossas vibrações estão sendo elevadas na medida de nossas escolhas e de nossas possibilidades. Trata-se de um processo gradual de preparação para o que está por vir nessa nossa jornada de ascensão. Daí que estamos passando por fases, por sintomas e por sensações, no mínimo, esquisitas. São os chamados "sintomas da ascensão".

Eles vão desde formigamentos e sensações elétricas em partes de nosso corpo até acordar por volta das 3 horas da madrugada e não conseguir mais dormir. Ansiedade crescente e, às vezes, uma tristeza e falta de sentido para a vida tão intensas que faz com que muitas pessoas se julguem deprimidas e recorram aos medicamentos ansiolíticos e antidepressivos na tentativa de interromper esse sintoma desconcertante. Sonhos vivos e bem reais de estar vendo uma onda gigante, um maremoto vindo e engolindo as pessoas sem conseguir fazer nada para impedir ou mesmo sonhos premonitórios onde participa da ajuda e salvamento de muitas pessoas em um acidente aéreo que logo depois se confirma. Visualizações de seres extraterrestres e recebimento de sinais e mensagens luminosos, sonoros. Sensação de estar acompanhado por presenças invisíveis, relatados como anjos, guias. Luzes em casa ou nos postes de rua que piscam em sua presença, e lâmpadas e aparelhos eletroeletrônicos que queimam em sua presença ou quando os manuseia. Aparelhos elétricos que ligam e desligam sozinhos quando você chega. Falta absoluta de apetite e/ou mudanças repentinas de hábitos alimentares, como a repulsa por se alimentar de carne e de tudo que "possui olhos". Desejo por se alimentar de algo que parece não existir aqui ainda, algo que não sabemos definir. Alergias as mais variadas tanto na pele quanto no aparelho respiratório, assim como alergias alimentares. Saudades incontroláveis de um lugar que seria o nosso verdadeiro "lar". Vontade incontrolável de partir daqui, de voltar a esse nosso "lar", sentindo que não somos daqui e que não conseguimos nos encaixar e assim não somos aceitos, então o jeito é ir embora. Sensibilidade muito aumentada para sons, vozes, energias e vibrações de certas pessoas e ambientes de tal modo que nos obriga a um afastamento imediato.

Náuseas e tonturas repentinas acompanhadas de mal-estar generalizado, queda de pressão súbita. Alterações na visão como se de uma hora para a outra nossa visão tenha ficado nublada e com um duplo estranho ou como se estivéssemos enxergando aspectos/detalhes extras que, aparentemente, outras pessoas não estão vendo. Dores que surgem de repente em alguma parte do corpo e, às vezes, correm por todo ele e se generalizam. Outras dores ficam localizadas sendo tão fortes que nos imobilizam ou invalidam para nossas atividades diárias. Muitas outras sensações e sintomas que vêm e que vão assim como surgiram, sem mais explicações, e se formos ao médico e fizermos os exames sugeridos, provavelmente, não vai aparecer nada, nenhuma patologia ou disfunção. Quando isso acontece, a seta indica que as causas estão num outro campo, digamos, menos físico e mais sutil.

Tudo isso e muito mais está acontecendo com a humanidade, principalmente com as pessoas que escolheram conscientemente ser buscadores da luz e da sua própria evolução. O processo é árduo, os desafios se intensificam a cada degrau que subimos, e será assim daqui para frente, pois o caminho da consciência é irreversível e tem um "preço" elevado.

Sensação no plexo...

Nada mais me surpreende...
Nada... sinto algo, lá no fundo...
fundo do estômago, da alma...
alívio que eu busco e não encontro,
sono perdido que não alcanço,
sonho, busco, me canso...
sinto, vejo, pressinto,
relâmpagos, estrondosos
lampejos de luz...
sou toda espaço, vazio...
desnuda, exposta
dias a fio...
aflita, inquieta

*como uma porta aberta
à espera daquilo que
se pode esperar
de um rio que corre
sem pressa,
à procura do mar...
Nadando e seguindo
a corrente...
Nem contra, nem a favor
vou indo além desse mundo
tão avesso... espesso e denso...
enxergo a visão...
sinto o compasso da hora,
transponho as leis da ilusão...
saltito entre leões e feras,
famintas de sonhos e quimeras...
salto buracos negros,
driblo obstáculos,
me encontro entre linhas
e esferas
canto, me encanto,
escuto o acalanto...
balanço as cordas
de um novo tempo,
ativando em mim
a sintonia das mais altas
dimensões...*

Quem vem das estrelas

"A mãe de Flavio Cabobianco (5 anos) e de seu irmão mais velho Marcos (7 anos) estava pondo seus filhos para dormir quando lhes sugeriu fecharem os olhos e buscarem uma estrelinha no céu... surgiu uma conversa sobre estrelas... Marcos disse então 'eu sei que Jesus veio de Sírio, que é a estrela da Vontade e do Amor'. A mãe, espantada, perguntou como ele sabia disso, se havia lido a respeito. Ele lhe disse que simplesmente sabia. Flavio disse a sua mãe: 'deixa mamãe, é certo que Jesus veio de uma estrela; todos viemos de uma estrela'."

Quando falamos das crianças de agora, das novas gerações da atualidade, somos levados, naturalmente, a falar de um grupo de almas vindas das estrelas. Talvez, como explicou Flavio, todos sejamos mesmo de alguma estrela. Nesse caso, não há por que rotular ninguém. No entanto, para fins de entendimento mais didático, chamaremos de "seres estelares" aqueles que possuem um modo bastante peculiar de ser e de se manifestar aqui na Terra.

Ocorre-me que muitos dos seres estelares que aqui estão não se recordam de sua origem. Encontram-se adormecidos em termos de consciência e de memória, devido a diferentes fatores, causas e condições ligadas à sua chegada aqui, a seu ambiente familiar e escolar, bem como a seu propósito nesta vida.

Quanto aos seres estelares despertos e, especialmente, aos que estão descendo recentemente ao planeta, estes possuem características que não nos deixarão dúvidas, desde que sejamos capazes de criar uma ponte, uma conexão com eles. São crianças e jovens que se mostram quietos e calados na maior parte do tempo e que parecem entediados. Quando são pressionados a responder uma pergunta ou dizer algo sobre um assunto, costumam surpreender e até chocar os adultos a sua volta devido ao grau de refinamento, sofisticação e inteligência de suas respostas e colocações. Pode acontecer que sejam vistos e rotulados como lerdos ou preguiçosos no ambiente escolar. Entretanto, com os estímulos e ambiente adequados, eles se mostrarão hipereficientes, supercapacitados e com altas habilidades. São crianças que, muitas vezes, choram quando chega a hora de ir à escola e dizem aos pais: "eu não gosto de ir, pois não aprendo nada lá! Tudo o que me dizem lá já estou cansado de saber. Os testes e as provas que me aplicam não fazem nenhum sentido, pois estou anos-luz à frente, na verdade".

Dessa forma se estabelece uma tendência a olhar a criança estelar como um ser deficiente ou disfuncional, o que cria um estigma sobre ela. Suas capacidades, habilidades e seus talentos impressionantes são malcompreendidos, por isso não são estimulados nem valorizados. Carregam memórias vivas de suas vidas passadas, sendo que algumas podem se manifestar como conflitos com seus familiares baseados em padrões de vidas anteriores. Inclusive doenças estranhas e sintomas anômalos podem aparecer em seu corpo físico, revelando a memória de antigas lesões, traumas de vidas anteriores gravados em seu DNA e no corpo físico.

Possuem sentidos especiais e superativados semelhantes ao que vemos nos super-heróis, tais como visão e audição potencializadas.

São capazes de enxergar e captar informações visuais com a velocidade da luz e de escutar a quilômetros de distância. Assim, comunicam-se com outras dimensões e seres extraterrestres com facilidade e naturalidade. São seres multissensoriais e multidimensionais. Possuem inteligência bem acima da média e se interessam por muitos temas ligados à ciência. São capazes de manipular os campos energéticos e de aplicar as forças terrenas e físicas de forma integrada para a cura. São altamente sensíveis em relação às vibrações e energias de ambientes e de pessoas.

Os seres estelares costumam se comunicar com os animais, com as plantas e com os cristais. São crianças que comentam ter "outros pais", lá das estrelas, além dos pais da Terra. Não suportam, literalmente, ver e conviver com crueldade, violência e maldade. Eles não entendem por que isso existe. Muitas vezes, afetam o funcionamento de equipamentos elétricos e eletrônicos com sua presença. São bem capazes de baixar informações de outras dimensões e da não localidade. Possuem a capacidade de influenciar outras pessoas a distância. São clarividentes, prevendo acontecimentos como terremotos, erupções vulcânicas e *tsunamis*. Os seres estelares conseguem operar fora do tempo, "manipulando" o tempo para que os acontecimentos ocorram com maior ou menor velocidade. Frequentemente, possuem temperatura basal mais baixa e até são bem "gelados", o que pode ser observado se encostarmos em suas mãos, em sua pele. Comunicam-se facilmente com outros seres estelares daqui ou de outras estrelas.

Essas crianças se comportam como adultos, se comunicando com autoridades e instituições, visando promover a paz, a justiça social e o respeito à natureza. Seres estelares despertos dizem coisas profundas, simples e sublimes, como o que disse Marcus (um menino estelar de 10 anos), no livro *El niño de las estrellas*, ao seu pai pouco antes de ele morrer: "Nunca desejei coisas grandes. Só queria tempo e amor".

As crianças das estrelas são, simplesmente, as precursoras de seres humanos ainda mais avançados. Constituem parte natural de nosso processo evolutivo. Segundo nos conta Flavio, os novos seres, os bebês que nascem na Terra já há alguns anos, possuem um centro mental maior e destacado, inclusive com cabeças de tamanho maior. Eles vêm de escolas mais avançadas como o Sol. Ele próprio veio do Sol. "Essas novas almas ajudarão a Terra a não ter uma mudança tão brusca", afirma.

Estelar

Nadando contra a corrente
navios vêm me espiar
barcos, aeronaves
em ondas
andam no mar
extremo entre vertentes
sol poente
luz da nascente
jorrando música no ar
notas, acordes, refrãos
formando novas harmonias
despejam a sinfonia
do tempo que vem chegar
já estamos ou estivemos
nessa escuna lunar
não vemos, apenas sabemos
que as voltas irão
se enredar
as linhas da teia viva
que serpenteiam o mar
ainda irão se encontrar
com as linhas
que vêm de cima
de um mais alto patamar
nem ventos, nem tempestades
nem mesmo as tormentas
doces, de um tempo
que deseja dobrar
as cordas do amplo
espaço, revelam
o que virá...
Auroras de firmamentos
talvez venham embalar
as asas finitas, lentas
de um plano gravitacional
bordas finas, invisíveis
tecidos leves, insones
sonhos, profundas fantasias
alegorias de um mar
de pensamentos, ilusões
sou nuvem grossa, espessa
avessa ao céu
do infinito mar...
Me atiro mas nem sei nadar
me entrego e posso voar
sou pluma, sou pena
a flutuar.
Apareço e vibro
Desapareço e esqueço
Sou poeira cósmica
Sou estelar...

# Ser quem se é

"O que está em cima é como o que está embaixo, e o que está embaixo é como o que está em cima." (O Caibalion)

O segundo Princípio hermético explica que há uma harmonia, uma correlação e correspondência entre os diferentes planos de Manifestação, Vida e Existência. Afinal, tudo o que existe e se inclui no Universo emana da mesma fonte, cujas leis, princípios e características se aplicam a cada unidade ou combinação de unidades.

Nesse contexto hermético, o Universo pode ser dividido em três planos: físico, mental e espiritual. Em termos de vibração na escala da vida, o plano físico ou da matéria é o mais baixo, e o espiritual é o mais elevado.

Todas as manifestações nesses planos, desde as mais baixas até as mais elevadas, vibram. Dependendo dos graus de coeficiente das vibrações, se constituem os diferentes "planos". Um plano, portanto, não é nem um lugar nem um estado, apesar de possuir as qualidades de ambos.

Essa brevíssima contextualização nos parece bem útil, visto que falamos muito sobre dimensões, planos e estados de ânimo, de consciência e de espírito. É importante ter clareza sobre o que se trata. Além disso, daqui para a frente, estaremos nos descolando gradualmente de linguagens, idiomas e vocabulários a que estivemos acostumados. Gostando ou não, temos de admitir que nada mais será como antes. As transformações ocorrem numa velocidade crescente, e as dimensões e os planos se interconectam e se influenciam mutuamente sem que possamos perceber. Quando a gente viu, já foi...

Vivemos numa época em que mães se mostram assustadas e impactadas com o significado prático e real de exercer a maternidade. Escutei e ainda escuto muito dessas mulheres sensíveis e corajosas: "Ninguém me avisou que seria assim! Nada nem ninguém me preparou para o que estou enfrentando como mãe! Se eu soubesse antes com tantos detalhes, confesso que não teria escolhido ser mãe". Não escuto tanto a voz dos pais, por que será? Que falta estão fazendo os pais, sua presença integral e com, ao menos, uma parcela da coragem das mães. Precisamos, urgentemente, escutar a voz dos pais...

Os filhos costumam vir repletos de surpresas reservadas para seus pais, para a família e a vida, mas como lidar com todos os desafios e as artimanhas de um mundo caótico e em transição e conseguir ser quem se é, de verdade, para assim, minimamente lúcidos, sermos capazes de criar e educar saudavelmente e com integridade um outro ser? Socorro! Alguém pode me ajudar?

Eu tô aqui, pronta pra escutar
Seja lá o que você quiser desabafar
Só saiba que a gente vem com intuição
Tem que ouvir a voz que vem do coração
Seja o que quiser
Respeite o que é seu
Seja você.

A cantora e compositora brasileira Tiê canta assim na música composta para sua filha e intitulada *Pra Amora*. Recomendamos que a escute muitas vezes e sinta a delicadeza e o amor que a canção contém e traduz. Ao mesmo tempo, Tiê compartilha com a gente seu dilema interior, o sentimento, que parece intrínseco à maternidade, de que ao trazer um filho ao mundo se está cometendo um ato insólito.

Afinal, como ousamos dar à luz um outro ser em meio a um clima de guerra, literalmente, tanto no plano físico quanto no mental e no espiritual?

Anuncio...

*Anuncio, declaro,
assumo quem sou
nas palavras sou uma,
nos discursos eu vou
quantas formas diurnas
casas tortas, noturnas
quantos sonhos desfeitos
casarios rarefeitos
tropeçando ainda estou
nossas malhas, esteiras
linhas estreitas do amor
se conduzo sou feito
de alegria e de dor
se me enviam comando
me despeço em horror
as trapaças da vida
me entorpecem, confundem
busco as linhas dessa vida
plenas e esclarecidas
almejo e desejo, ainda
alcançar-te com louvor*

abraçar meu arco em flor
desferir golpes de luz
costurar minhas metades
alinhar, limpar, equilibrar
tudo o que não for verdade
sou lume, vaga-lume
anseio por brilhar
dançar, iluminar
inspirar novas atitudes
gestar acordes de consciência.
Anuncio, assumo
sou a voz da experiência
trago as vestes da paciência
revestidas de obediência
faço gestos, reverências
me desvelo em coerência
ando em círculos
vou girando
formo o oito do infinito
subo essa escada
em espiral
levo comigo só a Essência
desse espírito genuíno
dessa alma feminina
corpo e versos de menina
aparência de mulher
anuncio e assumo
quem sou
estrela mínima, partícula
que transita
entre o ser
e o não ser...

transfiguração e superconsciência

"Quando tivermos ido além da individualização, seremos pessoas verdadeiras. Ego era o nosso auxiliar; ego é o nosso obstáculo." (Sri Aurobindo)

Existe um universo chamado por Aldous Huxley de "mundo visionário" que se refere ao nosso mundo interno, aquele espaço luminoso onde levamos uma vida "diferente" daquela dita vida ordinária. Referindo-se a esse mundo é que Karl Gustav Jung disse, certa vez, que "aquele que olha para fora, dorme, e quem olha para dentro, desperta".

Esse é um mundo onde podemos ver formas luminosas, seres diáfanos, informações e símbolos que dançam a nossa volta, onde ouvimos sons e melodias de outras dimensões e onde os limites de tempo e espaço ou mesmo a dualidade não existem. Ele faz parte da intimidade das crianças, de muitos artistas, de alguns visionários e também volta a se manifestar para algumas pessoas de idade mais avançada ou anciãs.

Em situações chamadas por Abraham Maslow de experiências de pico ou culminantes também acontece de as pessoas acessarem esse "mundo interno" e viajarem por ele, voltando, invariavelmente, transformadas ou até, em alguns casos mais raros, transfiguradas. O acesso a esse mundo, onde a verdadeira vida acontece e onde encontra-se o fio condutor de nossa jornada terrena e de toda a nossa jornada de alma e de espírito, se dá de diferentes maneiras, tais como: pelo resgate e o fortalecimento da conexão com nossa criança interior, pela contemplação da natureza, pelo êxtase artístico em momentos altamente criativos de muitos artistas, pela meditação praticada com regularidade e pelas Experiências de Quase Morte (EQM), consideradas como sendo uma das experiências de pico ou culminantes.

Tal acesso também pode ser "forçado" pelo uso de algumas drogas, embora os estudos e as experiências, atualmente, demonstrem que são viagens de mais curta duração e com tantos riscos para a saúde e para a manutenção do equilíbrio saudável que não compensam, havendo risco, inclusive, de morte durante tais experiências. Com exceção dos xamãs, que são preparados por toda a vida, tanto física quanto emocional e espiritualmente para seu propósito, além de possuírem intimidade com as plantas e ervas medicinais, bem como com os mundos e realidades paralelas, não se recomenda o uso de drogas psicotrópicas e alucinógenas como caminho na direção da transcendência e iluminação.

As canalizações são outro caminho de acesso e de comunicação com esse mundo interno e com outras dimensões e suas realidades paralelas. Todos nós temos a possibilidade de receber mensagens e de nos comunicarmos com outras dimensões. Esse é um verdadeiro e genuíno potencial do ser humano. No entanto, algumas pessoas possuem esse dom mais ativado e uma abertura maior do que outras pessoas para tais comunicações. É fundamental que percebam esse dom em si mesmas, o qual se apresenta, geralmente, desde criança, e que sejam ajudadas e orientadas adequadamente, para reconhecer, desenvolver e amadurecer esse dom, uma vez que se comunicar com outras dimensões exige muito cuidado e postura ética.

Afinal, existem leis superiores, espirituais e energéticas que devem ser consideradas, compreendidas e respeitadas para que o dom seja usado com consciência e responsabilidade. Canalizar significa, basicamente, acessar, captar e receber informações de seres que estão em outras dimensões. Todo o canalizador deve estar a serviço da humanidade, por definição e por questões de ética espiritual. Esse "serviço" envolve um alto desgaste de energia para quem está na forma humana, no plano físico, portanto exige o cuidado referido. Existe imensa diferença e distinção entre um canalizador preparado, maduro e responsável capaz de atuar sem a interferência do ego e um outro canalizador despreparado e que se deixa iludir por seres de baixas vibrações e pelas distorções que o ego pode causar nas mensagens recebidas.

A qualidade de um canal ou canalizador humano é fundamental para que as mensagens sejam recebidas com pureza e o máximo de isenção possível. As mensagens captadas ou recebidas sempre incluem inspiração e lições, tanto para o canal quanto para seu público receptor.

Transfiguração* ou consciência cósmica?

A consciência cósmica e o termo "transfiguração" se equivalem, são correspondentes dentro da visão da psicologia transpessoal. De acordo com Aldous Huxley, a transfiguração ou experiência cósmica pode ser entendida e explicada como um tipo de "experiência visionária". Segundo esse autor, a natureza comum das "experiências visionárias" tem a ver com o fator luz, que pode ser uma experiência com luz positiva ou negativa, agradável ou

---

* Transfiguração: ato ou efeito de transfigurar-se; transformação; metamorfose; alteração das feições, da figura, da forma; mudança na maneira de proceder, de pensar e de sentir; no contexto religioso, estado em que Cristo apareceu a três de seus discípulos (*Dicionário Houaiss*).

desagradável. A experiência de luz, em seu aspecto positivo, pode ser classificada como luz indiferenciada, uma experiência apenas da luz, como se todas as coisas estivessem envoltas e inundadas em luz. Há também a experiência da luz diferenciada, em que pessoas, objetos e paisagens brilham muito e parecem estar impregnados de uma luz própria.

A transfiguração trata-se de um aspecto da luz diferenciada que pode ser descrito como um verdadeiro transbordamento, a partir do mundo interior para o mundo exterior. Nesse tipo de experiência visionária, as pessoas percebem, de olhos abertos, uma transfiguração do mundo exterior, que aparece de forma irresistivelmente maravilhoso, vivo e brilhante. A transfiguração ou consciência cósmica implica em um estado alterado de consciência ou, como se diz atualmente, um estado mais expandido ou ampliado de consciência, o qual pode ser transitório, circunstancial ou permanente.

A transfiguração como um estado permanente de consciência expandida decorre de um avanço evolutivo a nível espiritual, de um indivíduo que pode ter nascido dotado desse nível de consciência ou pode tê-lo conquistado, gradualmente, devido a uma escolha e a uma busca dedicada ao autoconhecimento e à expansão de sua consciência, ou seja, a evolução espiritual.

As crianças, especialmente as das novas gerações, de grupos evolutivos denominados Índigo, Cristal, Arco-íris e Estelar, costumam chegar na Terra com um natural estado de consciência expandida. Tal condição natural poderá ser desenvolvida e amadurecida ou poderá ser reprimida, sufocada e bloqueada, dependendo da qualidade de sua educação, tanto familiar quanto formal, no ambiente escolar.

Huxley cita um místico anglicano chamado Traherne para ilustrar tal experiência de um "mundo transfigurado", tão natural nas crianças: "E assim, com muita dificuldade, aprendi os sórdidos estratagemas do mundo que, agora, desaprendi, tornando-me novamente uma pequena criança a fim de poder entrar, uma vez mais, no Reino de Deus".

Pergunta-se: como podemos manter viva essa dimensão dentro de nós? Como sustentar esse mundo interior de valor inestimável que conhecemos durante a infância? Como preservar e honrar esse universo interior e, ao mesmo tempo, educar e preparar os indivíduos para se tornarem cidadãos e cientistas verdadeiros e competentes nesse mundo?

As experiências visionárias, entre elas a transfiguração, são exemplos de acesso ao "campo" de todas as possibilidades, ou seja, a denominada sobremente ou superconsciente. Nas palavras de Sri Aurobindo:

A consciência e a experiência da sobremente podem ser formuladas de muitas maneiras, pois a sobremente tem uma grande plasticidade e é um campo de múltiplas possibilidades. Em lugar de uma difusão acêntrica e não localizada, o ser pode perceber o universo dentro de si perceber a si mesmo como o universo; mas também nesse caso o ser que percebe não é o ego: é a extensão de uma autoconsciência essencial livre e pura, ou é uma identificação com o Todo – sendo que a extensão ou a identificação constituem um ser cósmico, um indivíduo universal.

A arte, sem dúvida, constitui um caminho de acesso às experiências visionárias que poderão ser tanto positivas quanto negativas, mas sempre transformadoras, seja para o artista, seja para os admiradores de sua arte. A arte tem o poder de nos transportar a outras dimensões, inclusive à dimensão interior própria, à dimensão interior do artista e a uma união entre essas dimensões de modo a promover uma fusão de consciências num patamar mais além das individualidades, que seria esse "campo" das múltiplas possibilidades. Daí poder se afirmar que a arte tem o dom de curar e de transformar o ser.

"Tu és o mundo." (Krishnamurti)

A seguir, apresentamos um exemplo de mensagem canalizada em que aparece a expressão "transfiguração", que na época em que foi recebida não fazia parte de minha linguagem usual:

Minha vida não foi absolutamente em vão, minha vida não foi apenas ilusão, tristeza e dor. Minha vida foi pautada de certezas que me deram a força para sempre cantar e cantar e estender com minha canção a emoção que guardava em todos os cantos de meu ser. Não chorei nunca em vão, não chorei nunca a não ser de pura emoção, de pura alegria de estar descobrindo meu ser e minha alma como quem abre a janela ao amanhecer e vê o sol pela primeira vez! Jamais eu sonhei ser quem fui nesta vida terrena enquanto estive na França e jamais eu sonhei que poderia ser famosa e reconhecida no mundo das artes. Meu talento e meu dom afloraram como única forma de sobreviver e como expressão do divino que havia em mim, que há sempre em cada alma seja onde estiver. É assim que Ele, o senhor meu Deus se mostra e revela eternamente e simplesmente. Não me arrependo de nada e não levei mágoas de nada ou de ninguém. Não fui feliz ou infeliz, apenas fui inteira e amei a vida de um jeito diferente com meus grandes olhos que a tudo queriam engolir e enxergar. Não fui feliz nem infeliz, eu só e apenas amei e me encantei de cantar, amei amar e cantei o amor de um jeito que me levou a enxergar a vida como a união que apaga tudo o que não for amor e tudo o que não for luz. Não sei expressar na língua dos humanos, da terra, o que aprendi enquanto estive aí e não consigo dizer mais do que palavras que soam distantes e que são grosseiras tentativas de comunicar o incomunicável, de revelar o irrevelável, uma vez que ao comunicar deixa de ser e torna-se a transgressão do sagrado, do sacro que habita mais além de quem fui ou de quem sou, de quem fomos ou de quem somos tu e eu, agora.

Jamais duvidem de que eu encontrei a paz e a redenção, pois eu nela estou e agora mesmo me encontro envolta na luz e na paz. Me atravessei cheia de luz nestes caminhos de dimensões esquecidas, ou melhor, adormecidas, para vocês na Terra e estou aqui com todos que amei e que amo profundamente, não cessará o amor e cada vez que minha voz ecoa por aí em filmes ou discos... Eu estou viva de uma forma forte e feliz, pois realizei e sigo realizando a missão de promover a revelação da força que tem o dom e do preço que podemos pagar caso não estejamos preparados para assumir integralmente esse dom como missão.

Humanos, irmãos da Terra, sejam através de si a própria revelação de quem são, do amor-revelação, do amor-união, do amor-expansão, do amor-ascensão, do amor que é transformação e união do humano e do divino. Experienciar essa unidade é em si a nossa própria transfiguração. Vida e morte a um só tempo, vida e morte sem lugar no tempo e sem espaço definido. Vida e morte além daqui e muito acima de qualquer suspeita, dúvida e/ou julgamento.

Somos quem realmente permitimos e autorizamos ser desde a derradeira hora da nossa maior dor, a dor de nascer de novo para o verdadeiro ser. Então, finalmente, somos quem somos e não há nenhuma luta ou dor em apenas ser, tudo é um contínuo de paz, de alegria e uma profunda e interminável paz, harmonia, tudo é infinitamente ser...

Tudo é...

Me acreditem, eu sou ou fui Piaf, Edith Piaf como me chamavam vocês e ainda chamam, por aí, na Terra.

Aprendam a lição e amem, amem, amem, apenas amem, o resto é ilusão...

Assinado: Piaf, uma canção.

Essa mensagem recebi no dia 28 de outubro de 2007 à noite, após ter assistido, no cinema, ao filme *Piaf um hino ao amor*. Tive uma crise de choro convulsiva logo que terminou o filme e precisei ficar sentada, acolhendo esse choro, pois sentia uma profunda emoção! Creio ter sido assim acionada, devido a uma profunda sintonia com o espírito/alma de Edith Piaf, como canal para mais tarde, já em casa, receber essa mensagem.

1 ucidez vem de luz

"Sou infinito. Transcendo o espaço. Sou incansável. Estou além do corpo, do pensamento e da palavra; além da matéria e da mente. Eu sou a bem-aventurança sem fim." (Paramahansa Yogananda)

Tempos de polarização máxima, de desgoverno, valores completamente invertidos, tudo parece estar fora de ordem, nem mesmo a natureza obedece mais aos antigos parâmetros que tínhamos quanto às estações do ano, não temos e não teremos mais as quatro estações definidas e previsíveis, ficamos somente com *As quatro estações* (melodia) de Vivaldi. A emoção do medo vibrando forte em muitas pessoas e sendo estimulada por outras e por forças ocultas, sim a *matrix* do medo segue atuando firme e forte. Opostos como luz e sombra, bem e mal, sendo friccionados, atritados até o limite. Pessoas cansadas, ansiosas e exaustas. Crianças e jovens confusos e expostos a manipulações e abusos de parte a parte. Muitas pessoas tentam encontrar alguma segurança em suas certezas e crenças surradas, gastas e ultrapassadas, outras tentam discutir e brigar com quem não concorda com sua visão enquanto o barco está à deriva e o abismo se aproxima. Outras ainda tratam de tentar acalmar os ânimos alterados de ambos os lados. Muitas pessoas estão literalmente enlouquecendo sem perceber, sem qualquer autocrítica ou bom senso. Algumas pessoas se retiraram do convívio com as outras e foram para o meio da natureza por se confessarem incompatíveis com as lutas, brigas, trocas de agressões e baixarias deste momento crítico de país e de planeta. Algumas pessoas estão cortando relações com "amigos" e com familiares por discordarem de suas convicções políticas e ideológicas. Pessoas, incluindo crianças e jovens, estão desistindo dessa luta insana e saltando do barco, nesse mar revolto. Outras pessoas decidem lutar pelo que acreditam ser o bem maior para si e para seus semelhantes e seu país, seu planeta, abrindo mão de seus gostos e interesses pessoais. Algumas lutam no *front*, outras atuam nos bastidores, conforme suas habilidades, dons, temperamento, caráter. Outras pessoas seguem lutando de forma cega e obcecada sem ter a coragem de se perguntar se ainda faz sentido. Alguns escolhem a sombra, outros escolhem a luz, mas como escolher um lado se o mundo é redondo e se todos somos um? Que drama será esse em que todos nos envolvemos? Nós escolhemos mesmo esse roteiro para essa vida? Será que funciona assim mesmo a lei da dualidade?

Vivenciando tudo como observador que procura não interferir e que respeita o livre-arbítrio e, ao mesmo tempo, como participante cidadão que sente o chamado de cumprir seu papel e sua missão, ou seja, de colocar a parte que me cabe para compor esse quebra-cabeça divino, eu reflito, medito, rezo, ajudo quem me solicita, e uma palavra fica latejando em minha mente, em meu coração, em minha alma: *lucidez, lucidez, lucidez...*

Desde criança, muito pequena ainda, sou uma buscadora da consciência, da clareza, da lucidez. Creio ter trazido essa ânsia pela luz, no âmago do meu ser, da minha essência. Nesses anos todos de caminhada e de busca, aprendi muito e entendi que a clareza, a lucidez e a consciência não podem ser alcançadas apenas baseando-nos em dados e fatos, em nosso hemisfério esquerdo, lógico e racional. Nem tampouco encontraremos a luz guiados apenas por nossas percepções e emoções, originadas no ego e na personalidade.

O conhecimento é necessário e importante, a análise dos dados e fatos também, assim como ler, estudar, pesquisar e ouvir outros pontos de vista. Porém, o conhecimento é limitado e nos sabotará em nossa busca por lucidez, uma vez que é cego. Essa cegueira advém da falta absoluta de um outro polo ou aspecto complementar que se desenvolve por força e ação de nosso hemisfério direito, aquele lado do cérebro responsável pelas nossas emoções, criatividade, intuição, flexibilidade e abertura ao novo. Somente com a integração desses dois lados ou hemisférios, sem que nenhum deles prevaleça, seremos capazes de alcançar a luz de onde decorre a clareza, o discernimento, o bom senso e, portanto, a lucidez. Não por acaso, é nessa região central do cérebro, onde se encontram os dois hemisférios, que temos o corpo caloso e a nossa glândula pineal, uma região constituída de cristais que funciona como uma antena parabólica e que nos permite acessar as informações e os conhecimentos de dimensões mais elevadas, do cosmos. Não por acaso, as crianças das novas gerações estão nascendo com os dois hemisférios unidos e integrados e com sua antena parabólica bem ativada e sintonizada com dimensões mais elevadas e realidades paralelas, seres interdimensionais e galácticos.

Por analogia, podemos nos permitir acreditar que o ponto de resolução e de encaminhamento sábio e pacífico para nossas mais graves questões e dramas humanos, brasileiros e planetários, esteja, justamente, na dependência de que alcancemos esse nível de integração entre os dois lados do nosso cérebro e assim a união dos nossos opostos, transcendendo a dualidade. Alcançando esse estágio de consciência e de lucidez, onde possamos nos reencontrar uns com os outros por meio daquilo que temos em comum, de nossas semelhanças, nós já estaremos transitando na quinta dimensão, no plano da unidade.

Lembremo-nos de que as crianças das novas gerações, Índigo, Cristal, Estelar e Arco-íris, estão aqui nos estendendo as mãos e esperando que seus pais, os adultos, e os governantes também lhes estendam as mãos e consagrem assim um renovado estado de união plena pela paz no país e no planeta.

Permita-se, agora mesmo, olhar nos olhos, ouvir a voz do coração e ser tocado e curado pela luz que emana de nossas crianças!

Que haja luz! Que haja lucidez!

Por que se fala em uma geração de índigos que se perdeu?

Há uns dois anos, assisti a uma palestra, de cunho espiritualista, a respeito de nosso processo evolutivo em que o palestrante falava da presença de extraterrestres entre nós e o papel deles de acordo com suas origens. Algo que me tocou e chamou a atenção foi que o palestrante se referiu à geração Índigo como uma geração perdida, infelizmente. Tratei de ficar com aquela afirmação para refletir, observar, estudar mais e refletir ainda mais...

Hoje, fazendo um momento de meditação e refletindo sobre tudo o que vemos e observamos em nosso país e no mundo, creio que entendi, pelo menos em parte, o porquê daquela afirmação do palestrante. De fato, estamos vendo muitos jovens e adultos da geração Índigo que se perderam de si, de seu propósito aqui e que fizeram a escolha pelas trevas, pela escuridão.

Sem entrar no mérito das causas em profundidade para que isso seja assim, desejo apenas compartilhar uma constatação, triste, mas real. Não se trata de julgamento nem mesmo de crítica, e sim de reflexão e de olhar de frente com a necessária coragem para a nossa realidade, para que possamos enfrentá-la. Sempre soube e escrevi a respeito de que a geração Índigo não se refere a seres humanos perfeitos nem santos, longe disso. Os Índigos vieram com aprimoramentos, com DNA e dons ativados a serviço de um propósito de aperfeiçoamento pessoal e de ajudar a acelerar o processo evolutivo da humanidade e do planeta. Faz parte de sua conformação energética uma disposição muito forte, intensa e poderosa para agir e romper barreiras e fronteiras, abrindo caminho, preferencialmente, para o bem, para ancorar vibrações mais sutis e criar ambiente propício à chegada de seres ainda mais evoluídos, como os seres Cristal, Arco-íris e Estelar. Porém, se eles não são bem acolhidos desde a gestação e não encontram um ambiente familiar saudável, equilibrado, acolhedor e favorável a seu desenvolvimento equilibrado, eles podem, sim, tender para o lado "escuro", mostrando com força assustadora seus aspectos mais sombrios.

Muitos deles realmente não foram bem acolhidos, enfrentaram imensos desafios e dores físicas, emocionais e de alma. Sabemos que quando as vibrações nos lares e nas famílias se rebaixam, quando falta o amor incondicional, o cultivo da fé em Deus e dos valores éticos e morais fundamentais, as tentações e o mal se aproveitam. O mal está à espreita como a nossa outra metade, a nossa versão não desperta. As drogas, a tecnologia, a criminalidade, os abusos de poder, a corrupção e as ideologias maniqueístas foram tomando conta dos ambientes de formação de crianças e jovens já há algumas décadas, especialmente em nosso país. É como na história do sapo que morreu na panela porque a água foi sendo aquecida aos poucos, de forma gradual e sorrateira, de modo que ele nem percebeu a gravidade das condições, do ambiente e do contexto que o envolviam. O sapo morreu cozido na água quando esta ferveu e ultrapassou todas as suas possibilidades de resistência. Assim me parece que uma parcela significativa de nossa sociedade foi sucumbindo às ideologias que pregam falsas crenças, falsos valores e criam uma falsa zona de conforto em que "todos que a elas aderem estão protegidos, salvos, seguros".

Na psicologia cognitiva e de massas, a gente estuda os mecanismos e as estratégias de moldagem e de manipulação das mentes. As fases mais suscetíveis são a infância e a adolescência, quando tudo no ser humano está ainda em formação, em projeto. A criança e o adolescente estão muito abertos para tudo com sua pureza, ingenuidade e avidez pelo novo, por explorar o mundo e todas as suas possibilidades. Eu disse todas mesmo, e a menos que recebam bons exemplos e uma adequada e sólida orientação familiar, escolar e social, com amor verdadeiro, valores saudáveis, limites, disciplina, eles podem, facilmente, sucumbir às tentações. Portanto, nessas duas fases de total vulnerabilidade, principalmente se não houve uma boa e sólida formação, é que vêm atuando as ideologias com suas sórdidas e sofisticadas estratégias de manipulação.

Foi nessa esteira que uma geração inteira de Índigos acho que se perdeu, derrapou nas curvas, se acomodou, se apegou a falsos valores, deixou de se questionar, de pensar de verdade, de refletir. Tornaram-se "massa de manobra", corpos dóceis, como dizia Foucault. Adultos Índigo perderam sua capacidade de raciocinar, de refletir de verdade, de acessar a lucidez. O mais triste é que eles pensam que não, pois quando isso é sugerido, se enfurecem, sintoma que evidencia que foram cooptados por alguma ideologia. Assistimos a um fenômeno coletivo chamado de dissociação cognitiva ou simplesmente psicose coletiva (loucura, insanidade), em que houve um descolamento da realidade. O coletivo foi criando uma ilusão, uma farsa absurda que não se sustenta se confrontada com parâmetros mínimos da realidade e conseguiu milhares de adeptos que já desistiram de pensar e simplesmente seguem a *matrix* como zumbis, se alimentando do sangue alheio, da dor, do sofrimento e da miséria de tantos outros. Inútil será tentar chamar esse coletivo à razão. Essas pessoas já fizeram suas escolhas, ponto final.

O livro e o filme *Ensaio sobre a cegueira*, de José Saramago, foi uma antevisão do que estamos experimentando. Triste, muito triste, sem dúvida, mas disso se trata a nossa experiência humana aqui na Terra. É difícil lidar com a dualidade, com a densidade e com o livre-arbítrio nosso e dos outros. Escolhas são escolhas, o que está feito está feito. Precisamos, todos os despertos, seguir em frente, agradecendo por todos os exemplos e as experiências até agora vividos que nos permitiram enxergar com mais clareza, discernir e aprender. Vamos em frente, confirmando as nossas escolhas no sentido de realizarmos nosso propósito e missão terrena. Afinal, muitas crianças das novas gerações Índigo, Cristal, Arco-íris e Estelar continuam descendo ao planeta contando com a nossa consciência, lucidez, amor verdadeiro e acolhimento para que possamos insistir e persistir em instalar a luz, o amor e a fraternidade em nosso amado planeta.

Como eu sempre digo: se Deus é por nós, quem será contra?

Os dons mais ativados das crianças índigo, cristal, arco-íris e estelar, estão se manifestando nos adultos

Nossa caminhada evolutiva segue a passos largos e velozes! Estamos percebendo o tempo passar tão rápido que nossos dias parecem cada vez mais curtos, não é mesmo? Isso se dá porque estamos adentrando nas frequências e vibrações da quinta dimensão, o que significa que estamos expandindo nossas consciências mais e mais! Estamos sob efeito da presença de milhares de crianças Índigo, Cristal, Estelar e Arco-íris entre nós, ancorando gentil e corajosamente essas vibrações para nos auxiliarem a avançar em nosso processo de amadurecimento e evolução. Essas crianças estão vindo com dons cada vez mais ativados.

Aqui queremos destacar alguns desses dons e explicá-los brevemente, para que você, adulto, pai/mãe entenda e saia da postura de "surpreso paralisado de susto" ou da atitude de "cegueira psíquica" e assuma um renovado olhar e uma nova atitude diante das crianças. Desejamos que possa olhar os dons dessas crianças como algo cada vez mais natural! Para conseguir esse novo olhar em relação às crianças, você precisará de um novo olhar em relação a você! Sim, pois você também está sendo ativado em seus dons e capacidades, sentidos, digamos, especiais!

Vamos começar falando da telepatia, aquela capacidade de ler o pensamento ou a mente de outra pessoa, que permite que a gente simplesmente responda uma pergunta antes que ela seja formulada em palavras. Outro exemplo é quando pensamos em uma pessoa e ela nos liga ou manda uma mensagem na mesma hora. Saiba que isso não é coincidência, trata-se de telepatia, uma capacidade quântica que nos permite entrar em sintonia com outra pessoa e ler sua mente ou chamar por notícias suas, ou mesmo por sua ajuda. As crianças Índigo, Cristal, Estelar e Arco-íris trazem essa capacidade ativada, e sua presença acelera e ativa a manifestação dessa capacidade ou dom nos adultos que as cercam e convivem com elas. Cada um de nós possui essa capacidade codificada em nosso DNA, mas devido a alguns véus pertinentes à caminhada de cada alma, muitos adultos estão adormecidos e esqueceram, pelo menos em parte, de quem são! Adultos, pais, estão sendo agora chamados, cutucados de perto no sentido de despertarem e relembrarem quem são de verdade, em essência. É necessário e urgente que vocês reconheçam, aceitem e passem a manifestar seu eu multidimensional. Para isso, será necessário dedicar um tempo diário de pelo menos uns 10 minutos para refletir, meditar, orar, contemplar a natureza e assim ativar a conexão com seu eu multidimensional e suas percepções expandidas.

A telepatia é uma, apenas uma, das formas de manifestar nossas percepções expandidas, as quais estão a serviço de nosso ser, visando facilitar nossas relações com os outros, nossa caminhada aqui na Terra.

Em outras mensagens, falaremos sobre outros dons e capacidades ativadas nas crianças Índigo, Cristal e em você também! Dedique-se e permita a expansão de sua percepção, para que assim seu eu multidimensional passe a guiar seus passos diários.

Desfrute desta caminhada e siga a luz!

precognição

    Conforme falamos, em outro artigo desta série, nossas crianças Índigo, Cristal, Estelar e Arco-íris estão trazendo muitos dons incríveis ativados a nível de seu DNA. A convivência com essas crianças, que agora já são praticamente 100% da humanidade, está ativando e potencializando nos adultos a manifestação desses dons. A explicação para isso vem não apenas da antropologia ou da psicologia evolutiva e transpessoal, mas também da física quântica e da neurociência. Essas crianças possuem a mente quântica e se comunicam, preferencialmente, por intermédio da mente, enviando vibrações em ondas de pura informação e conhecimento para as mentes daqueles que a rodeiam e até mesmo para pessoas mais distantes geograficamente, se houver intenção envolvida.

    Além da telepatia, que é a comunicação pela mente, tema abordado no artigo anterior, agora falaremos sobre o dom da precognição, que nada mais é do que a capacidade de ultrapassar e transcender as restrições do tempo tridimensional e linear para o tempo mutável e não linear. A precognição pertence à quarta e quinta dimensões e nos permite acessar novas dimensões, visões e perspectivas a respeito de nossa realidade e de nossa existência terrena. Na medida em que se trata de uma capacidade da consciência expandida e em expansão, a precognição possibilita percebermos novas e diferentes perspectivas sobre o nosso roteiro pessoal de vida aqui na Terra. Essa extensão da percepção nos permite alcançar, naturalmente, a "visão da floresta ao invés apenas de uma árvore", ou seja, do todo maior onde nós estamos inseridos. É como se adotássemos uma nova lente com maior amplificação e detalhamento daquilo que enxergamos. Dessa forma, nos tornamos capazes de perceber novos níveis de realidade do micro e do macroespaço.

Ao alcançar tal nível de percepção e de visão, passamos a entender mais e melhor não apenas a realidade física, mas, sim, o Universo em todas as suas versões, bem como o sentido de tudo e o sentido de nossa vida, como parte integrante e interdependente do Universo. Temos a perspectiva de uma dimensão mais elevada e acessamos informações e conhecimentos compatíveis com tal dimensão. Dessa forma, somos capazes de ver e de antever onde nossos sentimentos, emoções, pensamentos e atitudes podem nos levar. Sendo assim, podemos decidir fazer escolhas no sentido de mudar nossas emoções, sentimentos, pensamentos e ações na direção de nossa evolução espiritual. É importante lembrarmo-nos de que nosso conjunto corpo-mente constitui instrumento para nosso aperfeiçoamento de alma/espírito.

Quando escutamos nosso Eu Superior, ou seja, a voz de nossa essência, podemos nos conectar com o dom da precognição e com todos os nossos dons. Desse modo, nos tornamos aptos a discernir quanto a realidades prováveis que estão no campo do agora e das infinitas possibilidades nesse campo quântico ao invés de ficarmos limitados à realidade da terceira dimensão. Assim, ao aplicarmos este e outros dons ativados em nós, observaremos como tudo começará a fluir em nossa vida, tanto física/material quanto mental, emocional e espiritual. Entraremos no fluxo das vibrações de quinta e sexta dimensões e estaremos a caminho de expandir ainda mais a nossa consciência e de prosseguir em nossa jornada evolutiva, na direção da consciência cósmica ou iluminação.

As crianças Índigo, Cristal, Estelar e Arco-íris e outros grupos, como as crianças Diamante que estão chegando entre nós, nascem com estes e outros dons muito ativados. O nosso desafio maior agora é compreendê-las mais e melhor, para nos relacionarmos com elas, aprendendo as lições e recebendo as mensagens que nos trazem, evitando o estresse dos conflitos e o sofrimento advindo de nossa insistência, cega e surda, em enquadrar, rotular e obrigar as crianças a serem quem elas não são!

Abra sua mente e todos seus sentidos para ouvir a si mesmo e assim prepare-se para navegar em águas muito mais limpas, puras e fluir com elas na direção de quem você realmente é. Agindo assim, você estará se beneficiando e respeitando sua natureza, honrando sua alma e missão de vida. Agindo assim, você se tornará apto a ser um adulto, um pai, uma mãe, um professor que realmente acolhe, apoia, honra e respeita as novas gerações e que, dessa forma, se tornará exemplo e referência de boa conduta aqui na Terra para elas!

Pense nisso, reflita, leia, estude e dedique uns minutos por dia para se observar e se ouvir, sem os ruídos da vida lá fora, meditando. Você merece, e as crianças de agora lhe agradecem!

As novas gerações índigo, cristal ou x, y, z

Referir-se às novas gerações nomeando-as por letras do alfabeto tem sido recorrente na atualidade. Alguns observadores e estudiosos levam em conta, preferencialmente, aspectos sociológicos para tais nomeações. Entretanto, vimos outras nomeações por parte de antropólogos, de psicopedagogos e psicólogos, bem como por metafísicos, entre outros cientistas.

Como sou psicóloga, especialista em Psicologia Transpessoal e especialista e mestre em Administração, falo sobre o tema com base na visão que minha formação me possibilita, mas procurando manter o espírito científico, no sentido de estar sempre aberta e disposta a ampliar e incluir mais e mais questionamentos, informações e conhecimento sobre ele. Esse adendo é importante para situar o leitor sobre qual a área do conhecimento que serve de base, neste estudo, para o tema *novas gerações.*

Num determinado artigo de uma conceituada revista brasileira, foi dito que a Geração Z é assim denominada porque "zapeia" e troca de opinião tal como troca de canal de TV. É verdade que essa geração, que preferimos chamar de Índigo e Cristal, realmente vem capacitada em seu DNA para lidar com intimidade total com a tecnologia digital, a ponto de ser chamada de nativa digital. Não me parece, no entanto, apropriado caracterizá-la como jovens que mudam de opinião assim tão rapidamente, o que pode causar uma impressão equivocada de que se trata de seres humanos superficiais, fúteis, que não sabem o que querem e que caminham a esmo. Isso não é verdade. Esses jovens sabem muito bem o que eles não querem, o que não suportam e não devem mesmo suportar, como a falsidade, a falta de transparência, a manipulação, a energia de controle, o autoritarismo e, principalmente, a falta de amor e de diálogo. Dizemos isso com base em nossos estudos e observações, bem como em nossa experiência em consultório e nos inúmeros depoimentos recebidos de pais e jovens, nossos leitores.

Como os jovens dessa geração sabem bem o que eles não querem, eles também carregam com eles uma profunda noção de ter um propósito, uma missão nesta existência. Intimamente, sabem que são importantes e merecem ser respeitados por isso. Eles trazem ainda em seu DNA diversos dons superativados e uma espiritualidade muito desenvolvida, isto é, possuem uma noção clara e profunda de que todos nós somos um com os outros, com o Universo, assim como que existe uma Força Maior que tudo vê e tudo criou e que, portanto, a essa Força Maior devemos respeito. Sabedores disso, não suportam ser humilhados e constrangidos. Não reagem às exigências e imposições ilógicas e descabidas, seja de seus pais, seja do sistema educacional e institucional, que inclui o mundo corporativo. Eles não suportam ser forçados a encaixar-se num sistema e numa metodologia de educação totalmente arcaicos que só querem sufocá-los e impedi-los que desenvolvam e deem asas a sua imensa criatividade. Por serem altamente sensíveis, amorosos e generosos, sofrem terrivelmente de uma dor que dói na alma, como eles mesmos referem. Assim, podem entrar em depressão profunda, dependendo de sua personalidade e da intensidade e constância com que são submetidos à pressão e às condições sufocantes. Tais condições incluem regras, hierarquia e burocracia excessivas associadas à carência de afeto e de comunicação efetiva e humana. Aliada a tais condições, soma-se a distância da natureza, que para essas gerações é verdadeiramente insuportável.

Eles são altamente conectados e naturalmente se relacionam com o mundo, sendo de fato multiculturais e multissensoriais. Daí que eles não suportam preconceitos nem barreiras e dogmas de qualquer origem que impeçam a conectividade e o compartilhamento de informações, de ideias, de forma totalmente transparente. Não é à toa que eles vêm criando coisas incríveis, como as redes sociais e as empresas colaborativas, orgânicas e fluídas e que assim, certamente, já estão rompendo com o paradigma de uma economia predominantemente competitiva e destrutiva e conduzindo-nos, a passos largos, a uma nova economia baseada na cooperação e na relação ganha-ganha. É a chamada economia do bem ou capitalismo natural.

A geração Índigo-Cristal, ou Y-Z, é multilateral, por isso é capaz de fazer quatro ou cinco coisas ao mesmo tempo e bem-feitas, sim! E isso não é uma aberração, não é um problema ou patologia, nem mesmo algo que resulta exclusivamente da influência de uma sociedade e cultura modernas com excesso de estímulos tecnológicos e de informações. Esses jovens já nascem assim, com um chip instalado ou, melhor dizendo, nascem com um DNA mais ativado que não lhes dá outra opção que não essa de funcionar assim: lendo, ouvindo música, falando ao celular e participando de uma aula ou respondendo à pergunta dos pais.

Quando falamos em um DNA mais ativado significa simplesmente evolução humana! Estamos continuamente evoluindo, aliás, nunca deixamos de caminhar nessa direção, o que se torna gritante agora é que temos uma enorme massa crítica sendo formada por jovens e crianças que são *diferentes*. São eles que não nos deixam mais ignorar ou negar a realidade: *o ser humano* evolui a cada dia e *está mesmo muito diferente*. Precisamos reconhecer essas transformações, pois elas não param por aqui. Temos de nos preparar para entender mais e melhor e para acolher essas novas gerações com a mente e coração abertos, para ajudá-los criando pontes, e não reforçando as barreiras já existentes.

Um dos especialistas consultados na matéria dessa revista disse que esses jovens são consumistas e muito preocupados com a aparência! Bem, aqui é preciso discernir que essa não é exatamente uma característica desses jovens, o que passa é que eles refletem muito o modelo social em que vivem e que trazem como missão promover uma transformação desse meio. Como fazem isso? Sendo espelhos com alta capacidade de potencializar os reflexos dos comportamentos de seus pais e da sociedade onde estão inseridos. Por essa razão, precisamos entender que esses jovens refletem o comportamento do seu meio social para permitir que haja uma reflexão mais profunda sobre a tal *normose* e, quem sabe, uma decisão de mudança por meio da expansão de consciência e de comportamentos mais equilibrados e sustentáveis.

Ao mesmo tempo, esses mesmos jovens confrontam seus pais e a sociedade declarando que desejam viver melhor. Eles querem viver com mais qualidade de vida, querem ter acesso e usufruir dos bens de qualidade produzidos por essa sociedade. Não querem ter que trabalhar toda uma vida abrindo mão de valores como saúde, família, tempo de lazer e diversão para, só então, se não tiverem morrido em consequência do estresse e de suas complicações (AVC, Infarto, Câncer...), poderem ter algum tipo de "recompensa". Não vejo isso como consumismo, e sim como um comportamento diferente das gerações anteriores, diferente no sentido de dizer não à hipocrisia e de querer dar um basta nesta vida maluca que a maioria das pessoas, em nossa sociedade, leva sem questionar. Esses jovens vivem o presente, o agora, que é o único tempo que realmente existe, tendo consciência disso. Será que eles estão errados?

Sua velocidade de pensamento e de ação nos confronta com nossa inércia e com nossa lentidão no sentido de realizar aquilo que pensamos e sonhamos, no aqui e agora, sem mais delongas, o que não só é possível como é desejável e urgente! Eles realmente precisam de nossa ajuda para decifrar códigos e aprender a viver aqui na Terra, nesta sociedade, de forma equilibrada. Precisam de ajuda para calibrar sua alta quantidade e qualidade de energia e seus incríveis dons e talentos, para que possam aplicá-los de forma saudável pelo bem deles e de todos nós, assim como das próximas gerações. No entanto, o que eles realmente mais precisam é ser ouvidos, pois trazem muito conhecimento, talentos impressionantes e sabedoria para doar-nos. São os rompedores de sistemas, os catalisadores das mudanças necessárias e urgentes, os pacificadores, os indicadores de um caminho a ser trilhado na direção da cocriação de uma nova realidade mais evoluída para todos nós e que nos garanta a tão ameaçada sobrevivência de nossa espécie e de nosso planeta.

estado supremo de consciência: a caminho de nossa evolução

"O que é o estado supremo de consciência?
São Paulo chamou-o de 'a paz que está além do entendimento'".

Acredito que todos, hoje em dia, têm a noção de que a consciência e sua expansão são o único caminho para evoluirmos como seres humanos cuja essência é espiritual. Os caminhos para expandir a consciência são diversos, mas, que fique claro, não há como evoluir e alcançar um estado de iluminação sem expandir nossa consciência.

Esse estado de paz absoluta que não pode ser descrito em palavras é denominado de *satori* no zen-budismo, de *samadhi* no taoísmo, de experiência culminante por Abraham Maslow, Jung chamou de individuação e Martin Buber falava de conexão eu-tu. Seja qual for a denominação que se dê e a corrente de estudo em questão, todos concordam que se trata de um estado de percepção totalmente diferente de nossa compreensão comum e de nossa consciência desperta ou do estado de vigília habitual. Trata-se de um estado expandido de consciência em que nossa percepção sensorial do "eu" socialmente criada e condicionada dilui-se, desaparece. Nele, simplesmente, só existe a experiência de união absoluta com o infinito, a experiência de infinitude, que é a eternidade. Nessa dimensão do infinito, do uno, não há espaço nem tempo, não há divisões ou contradições. O ego ultrapassa e transcende os limites do corpo físico. O eu integra-se à alma superior e nos sentimos um com toda a humanidade, com a natureza, com o Cosmos. Esse estado, quando alcançado, transforma radicalmente a nossa percepção e a nossa perspectiva. Passamos a nos perceber como sendo o todo, e o todo como sendo nós, de forma indivisível. Dessa perspectiva tão elevada, sentimos o verdadeiro Amor Incondicional e Infinito e, simplesmente, somos esse Amor e apenas ele. Esse é o único caminho, a única direção que permitirá a nossa autocura, a cura e a salvação da espécie humana.

Todos os "ismos", as ciências atuais, a política e as ações sociais são incompletas e carecem, portanto, de poder para, verdadeiramente, transformar nossa sociedade humana pelas bases de uma forma que venha a ser sustentável.

Vivemos ainda uma era de "revolução" que, como o próprio nome sugere, promove mudanças irreversíveis visíveis e algumas ainda invisíveis para a maioria que ainda não despertou. O que necessitamos, no entanto, com urgência chama-se "revelação", que depende de escolhermos o caminho da expansão de nossas consciências. Somente assim seremos capazes de vislumbrar o "todo" e de deixar para trás todas as formas de desumanização que agora vemos e vivenciamos ao nosso redor. Quando uma massa crítica da humanidade escolher se dedicar a despertar do sono profundo e trilhar o caminho da expansão da consciência, estaremos, de fato, em evolução.

As crianças Índigo, Cristal, Estelar, Arco-íris e Diamante estão aqui conosco e seguem chegando em alto número neste momento tão crítico de Brasil e de planeta. São espíritos que nascem com a consciência expandida, vibrando nas frequências de quinta, sexta e até sétima dimensões. Trazem, portanto, visão ampliada do "todo", encarnam o Amor de maior grandeza, bem como a compaixão profunda e uma generosidade absoluta. Elas necessitam e clamam, com veemência, por nós e por nossa alteração de consciência, por nosso despertar e por um acolhimento delas em sua pureza e natureza original. Elas não querem e não podem ser corrompidas em seu campo vital de energia pura e incólume! A geração Índigo-Cristal não pode ser forçada a se encaixar em padrões educacionais retrógrados e perversos! As crianças Índigo-Cristal necessitam de um esforço coordenado de todos nós, adultos, pais e educadores, no sentido de aceitar e respeitar a sua natureza original, pois só assim poderão nos ajudar a expandir nossas consciências e a transcender esse estágio tão imaturo, atrasado e primitivo em que nos encontramos.

Desperte, a hora de buscar o caminho da expansão da consciência é agora! Aproveite esta oportunidade que sua vida em um corpo físico representa! Acredite, você é luz, você veio da luz, e à luz retornará um dia...

"Muitas coisas podem prolongar sua vida, mas somente a sabedoria pode salvá-la." (Neel Burton in Gregg Braden)

LEIA TAMBÉM

Adultos Índigo
Ingrid Cañete / 256 páginas / 16x23

Adultos Índigo é mais uma obra esclarecedora de Ingrid Cañete que vem responder questões importantes sobre essa nova geração humana. Quem são os Adultos Índigo? Qual o propósito dessas novas almas? Pessoas que se descobriram Índigo sabem que nem sempre é fácil lidar com essa condição que provoca profundas mudanças que ocorrem a nível psíquico, mental e emocional.

Crianças Índigo
Ingrid Cañete / 208 páginas / 16x23

A partir da década de 1980, elas começaram a chegar, mais e mais. De todas as cores, de todas as formas, em todos os lugares do mundo, em todas as classes sociais: As CRIANÇAS ÍNDIGO. Crianças diferenciadas na maneira de agir, de pensar e de ver nosso mundo, preparadas para ajudarem na transformação social, educacional, familiar e espiritual do nosso planeta.

www.besourolux.com.br

Crianças Cristal
Ingrid Cañete / 280 páginas / 16x23

Cristal é o nome dado às almas avançadas que vêm para a encarnação a fim de transmutar a feiura em beleza. Elas reconhecem sua própria divindade e demonstram as qualidades de um novo ser. O termo "novo ser" indica que existe uma diferença, ou seja, há uma mudança de um estado competitivo para um estado de cooperação.

Uma Janela Para os Pais
Ingrid Cañete / 232 páginas / 16x23

Um belo e imprescindível livro para pais e mães de hoje e de amanhã, uma rara ferramenta de auxílio na educação e compreensão das crianças de agora. Ingrid Cañete, autora de Crianças Cristal, Adultos Índigo e Uma Janela para os Pais, nos traz importantes esclarecimentos e orientações a respeito das diferentes características e necessidades das novas gerações.

Adolescente Cristal
Ingrid Cañete / 232 páginas / 16x23

Os adolescentes representam o ser humano que busca uma nova identidade "para chamar de sua". A caminhada em direção a essa identidade é longa, sofrida, solitária, repleta de dúvidas, ansiedade e confusão. Adolescente Cristal é também um tributo àqueles que se aventuraram a viver aqui na Terra em uma época caracterizada por energias do tipo "organização e caos". Mais do que nunca, é necessário apoiar e acolher nossos jovens. Para isso, é preciso, antes, compreendê-los melhor.